QR코드 오디오 북 Audio Book

다섯 그리고 둘

| 김선자 수필집 |

성원인쇄문화사

| 책 머리에 |

QR코드 오디오 북 Audio Book

사랑과 공감을

해를 거듭할수록 키가 커가는 마당의 나무들은 시절인연을 만나 푸르름이 더해가고 있습니다. 태풍이 지나간 뒤의 햇살은 보석같이 빛납니다. 창문으로 들어오는 바람이 제법 선선하게 느껴집니다. 벌써 가을인가요. 괜스레 콧등이 찡해옵니다. 책을 펼쳐듭니다.

어머니의 그 춥고 바람 불던 날들, 길눈 어두워 목이 길어졌던 삶을 적어보려던 마음이 제 이야기가 되었습니다. 자서전을 써보겠다는 생각이 수필에 입문하게 된 동기가 되었습니다.

수필은 고백의 문학이고 주관적인 글이라 알몸을 보이는 것 같은 부끄러움에, 때론 옷을 바꿔 입기도 했습니다. 문학은 정신을 풍요롭게 치유해 주는 예술의 양심이라 생각합니다. 수필 작가는 자신의 진솔한 참모습을 그려 독자들에게 사랑과 공감을 나누어 주는 장인이 되어야 한다고 생각합니다.

늘 갈증에 허덕이며 평생교육원 및 문화원, 유튜브, 수필 강의를 기웃거렸습니다. 시간이 흘러도 청명한 새소리 듣지 못하고 울어도 힘에 부쳐 목소리가 튀어나오지 않았습니다. 토박한 땅에 씨만 뿌려

놓고 가슴앓이를 했습니다. 그래도 글을 쓰는 시간이면 온전히 행복했으며, 자신을 사랑하는 시간이었고, 열심히 살았던 지난날을 반추하며 내일을 무지개로 수놓기도 했습니다. 언제쯤 마음에 드는 글 한 편 지어보려나 오늘도 옷깃을 여며봅니다.

  나의 글을 내가 사랑해야, 다른 사람도 내 글을 사랑한다는 지인의 말에 용기를 얻었습니다. 아직도 길은 먼데, 겁 없이 두 번째 수필집을 선보이게 되었습니다.

  인생의 종내(終乃)는 혼자라며 혼자 즐길 수 있는 취미를 가져보라는 그이의 권유대로 내 안의 길을 찾다가 늦가을에야 동반자를 만났습니다.

  수필집 ≪다섯 그리고 둘≫이 빛을 볼 수 있도록 글을 읽어 주고 다독여 주신 여러 선생님께 진심으로 감사드립니다. 또한 성원인쇄문화사 홍명수 대표님과 박민경님께도 감사드립니다.

                                    2024년 열매달에 다솔 김선자

수필집 ≪다섯 그리고 둘≫은 작가와 독자가 영상으로도 소통할 수 있도록 'Digilog Poem'(디지털 기술과 아날로그 정서가 융합하는 첨단기술에 표현하고자 하는 감흥과 어울리는 사진을 함께 엮은 글) 수필 42편 모두 Audio Book으로 출간했습니다.

핸드폰 카메라로 QR코드를 비추면 자동으로 링크 옵션 보기가 뜹니다. 그 링크를 누르면 녹음된 영상을 볼 수 있습니다.

수필집과 더 쉽게 교감하기를 바라는 마음입니다.

김선자 수필집 | 다섯 그리고 둘

- 책머리에
- 차   례

1부 다섯 그리고 둘

유기(鍮器)를 닦다 — 10
다섯, 그리고 둘 — 16
괜찮네 괜찮아요 — 19
지소(紙所)와 한지(漢紙) — 22
노을의 반려자 — 26
화인(化人)같은 그 — 31
아름다운 마음 — 36
열개의 바퀴를 굴리는 사람 — 39

2부 이층 사람들

이층 사람들 — 46
빙의는 마음에서 오는가 — 51
구들이 — 56
산골고라리의 한나절 — 61
별빛 안은 학고재(鶴皐齋) — 65

무순이 ― 70
서른한 명의 제관 ― 76
오 하늘이시여 ― 79

3부 맥질의 숨결

맥질의 숨결 ― 86
돼지대가리와 시제(時祭) ― 92
그 ― 97
별이 되었으리라 ― 101
막냇동생 끝순이 ― 106
문학비를 세워드리고 싶다 ― 109
무지갯빛 거짓말 ― 114
미소를 머금다 ― 119

4부 천방지방

소금강장천마을 ― 124
청년, 윤수 ― 129
천방지방 ― 133
찔레꽃 친구 ― 138

신남 댁 이야기 — 143
마카 오지 마우야 — 148
노인은 도서관 — 153
아버지의 유산 — 156
퇴임식에서 — 161

5부 닭은 알고 있다

감사의 기도 — 164
노후자금을 앗아간 COVID-19 — 168
외상공부 — 171
안동 묵계, 그 유년의 그리움으로(Ⅰ) — 175
안동 묵계, 그 유년의 그리움으로(Ⅱ) — 179
칭다오를 찾아서 — 183
닭은 알고 있다 — 188
여전하신가요 — 192
공원 같은 학고재 납골묘 — 197

■ 서평

쓸 것은 많고 해줄 말은 없다 | 시인 정성수 — 204

1부

다섯 그리고 둘

유기(鍮器)를 닦다
다섯, 그리고 둘
괜찮네 괜찮아요
지소(紙所)와 한지(漢紙)
노을의 반려자
화인(化人)같은 그
아름다운 마음
열 개의 바퀴를 굴리는 사람

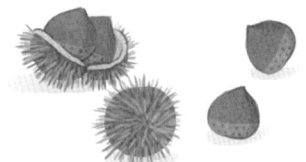

유기(鍮器)를 닦다

유기는 우리 고유의 문화유산으로 전통의 그릇이다.

부드러운 곡선미와 은은한 빛깔, 청아한 소리까지 더해, 멋스러움을 자아낸다. 그 놋그릇에 우리의 음식을 담아내면 고상한 품격에 고급스러움이 한결 더해진다.

유기는 기원전부터 전해지고 있다. 그 예로 청동기 유물을 들 수 있다. 삼국 시대에도 반가사유상 같은 많은 불상이 제작되었고, 고려 시대부터 선조들의 생활 속에 깊숙이 들어앉게 되었음을 알 수 있다. 유기는 합금의 재료인 구리에 주석이나 아연을 혼합한다. 그 비율에 따라 주물 기법인 틀에 부어 만드는 촛대, 향로, 화로 등이 있고, 방짜 기법인 두들겨서 만들어 내는 징, 꽹과리, 대야, 식기, 수저 등이 있다. 방짜 기술로 놋그릇을 만들 수 있는 나라는 세계에서 우리나라밖에 없다고 한다.

유기의 소리도 다양하다. 장인들의 숙련된 감각으로 은은한 징 소리, 경쾌한 꽹과리 소리, 마음을 울리는 범종 소리, 처마 끝의 풍경소리 등은 방짜유기에서 나는 우리 고유의 문화를 지키는 소리다. 그 소리를 듣고 있으면 어깨가 절로 들썩이며 숙연해지기도 하고 심오한 선정에 드는 듯하다.

유기는 생명의 그릇이다. 요즘 참살이 그릇으로 방짜유기가 각광을 받는다. 사라져가던 유기가 재조명되고 있단다. 나는 입이 부르트면 그릇장 속에 묻어 두었던 놋수저를 사용했다. 어느 순간 슬며시 나아져 있음을 알게 된다. 그런 경험으로 우리 가족 모두는 놋수저를 사용한다. 독성 물질에 닿으면 색이 변하는 것도 어렸을 적부터 보아왔다. 어머니는 미나리를 세척할 때 거머리 색출을 유기로 했다. 예부터 스님들의 삭발 삭도도 방짜유기를 사용했다. 상처가 나도 덧나지 않는다는 것이다. 최근 연구와 실험을 통해서 방짜유기에서만 모든 대장균이 박멸되었다는 보도가 있다.

국외 그릇 박람회에서 어느 유기장의 아이디어로 우리의 전통유기에 색깔을 입혀서 화려하고 고급스러운 작품으로 내놓았다. 전수 팔려나가면서 폭발적인 인기로 세계 각국의 주문 수요에 공급이 따르지 못할 정도의 갑부가 되었다는 기사를 본 적이 있다. 소중한 우리 문화유산이 수출됨이다.

놋그릇은 닦으면 새 그릇이 된다. 놋그릇은 손이 많이 가고 관리를 잘해야 한다. 명절이 다가오면 멍석 위에서 놋그릇에 광채를 입히느라 땀에 젖은 어머니의 모습이 떠오른다. 종부들의 대사 중 하나였다. 그 시절에는 기왓장을 빻은 가루에 짚수세미로 닦았다. 요즘은 전용 광택제가 시중에 나와 있다. 그에 비하면 뜨뜻한 방 안에서 닦는 나는 얼마나 편한가. 닦을수록 영발(暎發)은 더하고 대를 물려 쓸 수 있다.

"어머니, 얼굴이 비치기 시작하면 재미있어요."

열심히 제기(祭器)를 닦던 며느리의 말이다. 30년 전, 맏동서로부터 제사를 넘겨받았다. 잘 모셔야겠다는 생각에서, 방짜로 된 놋제기 기본 세트에 조상님 수대로 제기를 더하다보니 꽤나 그 수가 불어났다.

금년 설에는 잘 닦은 제기에 제수를 올리고 싶었다. 어느 날 프리랜서인 며느리에게 제안했다.

"너, 알바하지 않으련?"

"네, 할게요."

나름대로 며느리에게 용돈도 주고 일손도 덜고, 넌지시 청한 것이다. 겸해서 제사 예절도 구체적으로 가르쳐 줄 명목으로 미루었던 놋제기 닦기가 시작되었다. 차제에 용기 명칭과 숫자, 유래도 알려 주었다.

제식기(반기 갱기), 시저(숟가락 젓가락), 잔과 잔대, 촛대 1쌍, 향로, 주전자, 병기, 어육기, 탕기, 면기, 채기, 침채기, 채종기, 제접시(20기) 등, 보통 37기에 조상님 일곱 분의 제식기대접과 시저, 잔과 잔대 각 12기씩 36기를 더해서 73기라는 것도 알려 주었다. 제식기는 모두 입식기다. 신에게 올리는 용기라 모두 굽이 높다. 친정어머니도 사용하던 목제기를 놋제기로 바꾸어 놓고 돌아가셨다.

　기왓장 가루 대신 유기 전용 광택제를 바르고 신문지를 구겨서 닦는다. 힘들겠지만 재미있다고 하는 며느리가 대견스럽고 고맙다. 평상시에는 밀려나 그릇장 속에서 잠자던 생활 유기였던 옥식기대접 합식기대접, 술잔, 수저, 머그잔도 함께 닦았다.

　내친김에 친정에서 가져온 생활 유기도 닦았다. 얼마 전 친정을 방문했을 때 뒤란에 팽개쳐져 있던 손때 묻은 놋그릇들을 대하는 순간, 마음이 아려와 들고 왔던 것이다. 닦아서 다시 갖다 준다고 했지만 올케는 그냥 가지라 해서 그릇장 속에 쟁여 두었던 것들이다. 열흘을 작정 했으나 닷새 만에 모두 닦았다.

　피난 시절, 둥지를 틀었던 안동에서 십여 년 만에 귀향할 때, 친정어머니가 짐 속에 쓰던 유기들을 끼워서 마차로, 자동차로, 기차로 다섯 번이나 갈아타며, 닷새나 걸리는 여정에도 실어와 조상들 유기에 보탰던 것들이 아닌가. 죄스럽고 부끄러워 온몸을 덮어 문질렀다. 천년 고분에서 나온 듯 거무튀튀하고 듬성듬성 푸른 점박이 녹을 품었던 그릇들이, 어느새 뽀오얀 사랑을 담고 청순한 목련꽃 같은 얼굴을 내밀고 웃음 짓고 있었다. 세월의 체에 걸러진 내 마음속 녹들도 닦여진 느낌이다.

　60년대 초 스테인리스가 광풍을 타고 밀려오기 시작했다. 집집마다 유기와 맞바꿈이 춤을 추듯 붐을 일으켰다. 함석철 같은 스테인리스 그릇이 찬장을 채웠다. 그러나 친정어머니는 조상들이 물려준 보물이라고 고집하며 놋그릇을 그대로 지키셨다. 그 대신 스테인리스 그릇들은 보리쌀과 바꾸어 쓰셨다. 곱게 간직하던 그 많던 유기들은 태풍 루사 때 친정집이 반파되면서 황톳물에 휩쓸렸다. 남은 게 겨우 일곱 벌, 짝도 맞지 않는다. 주인 잃은 놋그릇, 늦게나마 내가 지키며 새 주인이 되련다.

 옛 모습을 찾은 친정집 놋그릇들을 찬찬히 바라본다. 함지박 같은 증조할아버지 주발엔 근엄함이, 옥식기 주인은 꼿꼿하고 카랑카랑 나비같이 날아다니던 할머니, 아버지의 입식기엔 나뭇짐 위의 연분홍 진달래 사랑이 다가온다. 꼭 다문 어머니의 합식기, 그 춥고 바람 불던 날들, 석삼년 설한풍 시집살이의 인내를 배우련다.

 흙내 풍기는 맥질구들 아랫목, 목화 솜이불 속에 묻어두곤 했던 주발(周鉢)들이 오늘 따라 정겨움이 더해오고 그립다. 동지섣달 이른 저녁에 한가득 쪄내온 놋양푼의 고구마에서는 청보리밭, 봄 아지랑이 같은 김을 피워낸다. 그 속에 막내의 분통같은 조가비 손부터 광대등걸 같은 할머니 손까지 온 식구들 손이 쉼 없이 들락거리던 모습에 동공이 젖어온다. 겨울철에는 따스함이 주는 놋그릇으로 여름에는 시원한 사기그릇으로 생활의 지혜를 보이던 어머니를 따르고 싶다.

 반짝반짝 하는 놋그릇들을 세척해서 식탁 위에 올려놓는다. 보석인 양 아름답다. 미루었던 숙제를 마친 듯 몸이 날아갈 듯이 가볍다. 마음도 덩달아 우쭐댄다. 모과향인지, 목화향인지 온통 집 안이 향기까지 난다.

　닷새나 걸쳐 공들여 닦은 제기와 그릇들을 쳐다보고 있으려니 저만치 놋잔이 눈에 띈다.

　"막걸리는 놋잔에 마셔야 제 맛이야!"

　허허 껄껄대던 남편의 얼굴이 정월 대보름달로 다가온다.

　"우리 얼마만인가요. 참 오랜만이네요. 한잔하고 밤을 새워 먼먼 그곳 얘기나 좀 들려주시구려."

　꿈꾸듯 속삭이는 내 말은 허공을 맴돌 뿐이다.

　즐거움과 보람을 안겨준 유기들이다. 설날 아침 새 옷으로 단장한 제기들은 조상님께 맑고 정갈한 모습으로 세배 드리고, 생활 유기는 매일매일 식탁에서 우리의 전통 문화유산을 지켜 가리라.

다섯, 그리고 둘

    동네 사람들은 친정(親庭)집 가족이 화목하게 지냄을 부러워했다.
    교직에 몸담은 동생은 동트기 전, 하루 먹일 쇠꼴을 베어 놓고야 출근을 했다. 어머니와 올케는 오랍들녘의 농사를 돌보고 자급자족하며 남은 농산물은 시장에 내 놓기도 했다. 우리 가족도 휴일이면 농사일을 도왔고 아이들은 자연 공부를 했다. 감자를 캐고 고추를 따며 옥수숫대로는 엔실리지를 만들어 소들의 월동 양식을 만드는 데도 한몫했다. 어렵던 형편이 펴지면서 이웃의 토지도 사들였다.
    한낮, 둥근 해는 중천에 떠 있고 가정에 행복이 샘물로 넘칠 무렵, 올케가 유방암 4기 진단을 받았다. 1993년 마흔 살, 30년 전이다. 막내 유치원생에서부터 고등학생까지 다섯 아이의 엄마요, 시어머니와 남편을 섬기는 며느리다. 청천병력의 굉음은 모두의 머리를 뚫었고 가슴에 난도질을 했다.

가족들 모두가 수각황망(手脚慌忙)할 때, 어머니는 동생네를 시내로 등 떠밀어내고 내내 혼자 조상 터를 지키셨다.

가족 형제들이 눈물로 지새는 중에도 가슴 한쪽을 도려낸 올케는 의연했다. 동생은 사들였던 논밭을 팔아 뭉칫돈을 통장에 넣고 병 치료에 전념을 다했다. 의료보험이 없던 시절, 올케는 서울을 오르내리며 200만 원 이상의 항암주사를 20일 간격으로 맞았다. 다행히 올케는 특이 체질인 듯, 별 후유증 없이 잘 참아냈다. 그리고 천만 원 하는 실오라기 같은 산삼, 옻나무 진액, 복어알 등 좋다는 민간 약제도 다 써 보았다. 맑은 공기가 최고라는 우리나라 최남단의 최고시설의 요양병원에서 간병인 등에 업혀 병실에서 치료실로 다녔다. 동생은 그곳을 하루 왕복으로 밤을 새워 다녔다. 지극정성으로 사랑 받는 올케가 부럽기까지 했다. 결국 십여 년을 버티다 저세상 사람이 되었다. 곧이어 어머니도 올케 뒤를 따르셨다.

동생은 다섯 아이들을 데리고 5년을 지냈다. 아이가 몇이냐고 물어 올 때면, 딸 둘 계집애 둘, 아들 하나라고 대답하던 동생이었다. 딸 넷을 낳은 후, 다섯째로 아들을 얻었다. 동생은 아들을 낳고 조상 제사를 지낼 때 자기도 모르게 목에 힘이 주어지더라고 했다. 지금은 딸을 더 선호하는 시대라고 하지만, 삼십 년 전만해도 딸 셋을 데리고 다니는 엄마를 처량해 보인다고들 했다.

동생이 새로운 인연을 만났다. 새로 맺은 인연에도 아들이 둘이었다. 새올케는 하늘로 간 올케와 비슷한 모습이었다. 나는 조카들에게 두 가지를 부탁했다.

"새엄마를 위하고 친형제처럼 지내라. 그래야 너희 아빠가 편해진다. 새엄마를 위하는 것은 곧 아빠를 위하는 것이다. 그리고 처음부터 엄마라고 불러라." 듣고 있던 큰조카 딸이 선뜻 대답했다.

"고모, 엄마는 낳아주신 한 분뿐이야. 지금 분은 어머니라 부를게요."

"좋아, 참 좋은 생각이다. 그렇게 하렴."

이제 모두 성년이 되어 가정을 이루었다. 새올케도 조카들에게 지극정성이고 조카들 또한 잘 따르고 친엄마 이상으로 의지하고 섬긴다. 더더욱 사위들도 친 장모로 섬기며 들락거린다. 서로들 마음을 열고 거리낌이 없다. 동생 또한 새 인연의 아이들에게 친부처럼 대해 준다. 그 아이들 학비도, 결혼식에도 혼주 석을 지켜주었고, 새 보금자리 장만에도 최선을 다해 보탰다. 아이들도 경조사가 있을 때마다 몰려다니고 있다.

이제는 동생의 상처도 아문 것 같다. 일곱 아이들을 거느린 동생이 지혜롭게 잘 헤쳐 나가는 것 같아 참으로 대견스럽다. 모두 제 복이 아니겠는가.

새올케에게 진심으로 고맙게 생각한다. 꼭 이 말을 전하고 싶다.

"자네는 똥도 버릴게 없네! 알았나."

괜찮네 괜찮아요

살아오면서 열등의식에 사로잡혀 있었다. 부잣집 맏며느리 같다 푸근하고 친근감이 든다는 말이 듣기 싫었다. 그렇다고 한 번도 다이어트를 실행해 본적은 없다.

40대 초반부터 화장을 했으나 1인 4~5인 역을 하느라 그냥 맨얼굴로 출근하기 일쑤였다. 지금도 목적 없는 화장은 하지 않는다. 지인의 말에 의하면 화장을 안 하면 상대방에 대한 예의가 아니라 한다. 그러나 내 생각은 다르다. '물 묻은 얼굴,' '화장기 없는 까칠한 얼굴.' 얼마나 좋은 말인가. 그건 진솔함이다.

남편의 말도 한 몫 했다. 급하게 나가야 할 때가 많다. 부부동반으로 어울릴 때면 나는 운전기사가 된다. 꽃단장하려는 내게 괜찮다, 괜찮아. 어서가자. 맨 얼굴로, 풀 뽑던 호미자루를 내 던지고 나서는 때가 부지기수였다. 괜찮아서 괜찮다고 하는 건지 빨리 데려가서 부

려먹으려고 하는 말인지 도저히…. 아리송.

 "나 옷가게에서 하나 봐 놓고 왔는데, 뚱보라서, 어떡하지."
 "괜찮아, 당신 연령대에 당신만큼은 다, 배 나왔어, 그래 가보자"고 앞장선다. 다방면에 예술성이 돋보였던 그, 옷을 사거나 외출 때는 그의 조언을 듣는다.

 그가 시를 써서 읽어 준다. 느낌을 묻는다. 그러나 나는 시에 문외한이다.
 "내가 뭘 알아."
 "아니, 그냥 듣고 느낌만 말 해봐." 속으로 뭘 알아야 대답하지. 참 딱하고 미안하다.
 "괜찮네, 괜찮아요. 좋은데요." 나도 그렇게 말 할 수밖에 없다.
 가끔 딸이 하는 말이다. 남이 보든 보지 않던 자신에게 괜찮은 사람이 되고 싶어 지킬 것 지킨다고, 그 말을 들을 때마다 한 수 배우는 느낌이었다.

 주름살은 삶의 흔적이다 나는 요즘 나이 지긋한 주름진 얼굴들을 좋아 한다. 친근감이가고 인동꽃 향내가 난다. 늙음을 늙은 대로 보이면 어떻단 말인가. 순리대로 순응하며 살고 싶다.
 젊어 보이려고 치장한 모습에서 서글픔을 느낀다. 왜 저리도 젊어 보이고 싶어 할까, 실컷 젊어 봤는데, 모습에 비해 억지로 반들거리는, 팽팽하게 보이는 모습, 격에 맞지 않게 주렁주렁 달고…. 그래도 괜찮네, 괜찮아요. 좋은데요. 모두들 한마디씩, 진정인지 아부하는 건지 도저히…. 아리송.

   세상을 바꾼 사람들의 좋은 말들이 많다. 돌이켜 생각해보면 나도 누군가의 실수를 탓하고 원망했을 것이다. 하지만 진정 괜찮네, 괜찮아요. 라고 말해주는 늦가을 여유로운 풍경으로 남고 싶다.

지소(紙所)와 한지(漢紙)

 1966년 10월, 경주 불국사의 석가탑이 보수를 위해 해체되었다. 석탑에서는 세계에서 가장 오래된 '무구정광대다라니'가 발견되었다. 1,200년 동안 습기 찬 탑 속에 있었던 두루마리 불경이 말끔한 얼굴로 보존돼 우리에게 감탄을 자아내게 했다. 2,000년, 문화재청이 이 경을 전통 한지 기법으로 만들어 봤지만, 신라 장인(匠人)이 만들었던 종이를 따르지 못했다.

 조선 왕실 의궤가 프랑스에서 돌아왔다. 최고급 종이 초주지(草注紙) 덕분에 책들의 색이 바라지 않은 것을 두고 프랑스의 보존 기술이 우수했었다고 보도된 바 있다. 초주지는 임금께 올리는 글이나 책을 만드는 초기(草記)에 썼고 왕의 침실 문과 창을 바르는 데 사용했다.

 '지(紙) 천 년 견(絹) 오 백'이라 했다. 종이는 천년을 가지만 비단은

오백 년을 못 넘긴다는 말이다. 우리나라 고유의 전통적 제조법으로 만든 한지는 살아 있는 생명체다. 냄새, 소리, 체온, 감촉을 느낄 수 있다. 한지의 냄새는 해대기의 보드라운 볼 냄새고 연인에게서 나는 사랑의 냄새다. 한지는 설한풍 문풍지가 빚는 황홀했던 청춘의 입맞춤 같은 격정의 소리인가 하면 자비가 넘치는 자근자근한 어머니의 목소리다. 숨 쉬는 얇은 한지가 이중 창문보다 높은 보온 효과를 낸다. 붓글씨를 쓸 때면 먹물이 부드럽고 고르게 스며드는 은은한 감촉이 손끝에 전해 와 고급스럽고 격조가 높다.

한지는 우리의 일상생활에 널리 쓰인다. 아침 햇살을 받은 반투명성 한지문에 고운 먼지들이 이탈해서 나른하게 떠다니는 모습은 안개 속을 거니는 오묘한 느낌이다. 특히 한옥의 창과 문에는 한지가 필수로 쓰인다. 한약 달일 때도, 곰탕의 기름 제거에도, 망인의 수의(壽衣)로도 쓰인다. 참살이 옷감이라 건강에도 좋은 자연의 옷이다. 요즘은 색한지도 나와서 더욱 다양하고 예술적인 공예품이나 생활용품들도 만들어 쓴다.

60년대까지 우리 집 앞에는 지소가 있었다. 널찍한 헛간 바닥에 드럼통 두 개와 드럼통을 올려놓을 수 있는 흙화덕이 전부다. 드럼통 하나를 세로로 쪼갠 그 반쪽 통은 닥나무를 쪄내는 찜통으로, 다른 반쪽은 곤죽이 된 물한지를 담는 지통으로 사용했다. 또 다른 드럼통은 통째로 펼쳐서 화덕에 올려놓고 물한지를 말리는 철판으로 썼다.

한지의 원료는 닥나무다. 닥나무는 주로 도랑가에서 자생하는데 장정들 엄지손가락 정도의 몸피로 키는 1.5m 정도다. 늦가을 닥나무를 벼 베듯이 베어서 드럼 찜통에 넣고 찐다. 쪄낸 닥나무 껍질을 벗겨서 말렸다가 다시 물에 불려 닥칼로 흑갈색 겉껍질을 벗겨내면 여인의 속살 같은 뽀얀 속껍질만 남는다. 이 속껍질을 찜통에 넣고 메밀대를 태워서 받아낸 잿물을 함께 넣어 다시 삶아낸다.

삶아낸 속껍질은 안반 같은 바윗돌에 올려놓고 장정 넷이 마주 서서 긴 나무 방망이로 장단을 맞춰 다듬이질하듯 곤죽이 될 때까지 두드린다. 그 먼저 이불 홑청 보다 큰 무명 보자기 네 귀에 끈을 매서 지소를 휘돌아 흐르는 도랑 양쪽에, 서 있는 적당한 나무를 골라 묶어 놓는다. 반구형 모양이 된 보자기가 물속에서 춤을 춘다. 천혜의 자연 환경을 이용하는 것이다. 알맞게 곤죽이 된 닥나무 껍질을 미리 준비한 물속의 보자기 속으로 곤두박질시킨다. 그런 다음 아래쪽 보자기 두 귀를 풀어 양손에 잡은 뒤에 한쪽 손에 고무래를 덧잡고 일렁이며 보자기를 흔들면 흐르는 물이 잿물을 안고 긴 여행을 떠난다.

한편 종이를 잘 엉겨 붙게 하는 닥풀이라는 식물의 뿌리를 두들겨서 끈적끈적한 진액을 준비한다. 잿물이 빠지고 뽀야니 깨끗해진 닥나무 껍질 곤죽을 이 진액과 함께 지통에 넣고 혼합해서 대나무발로 김 뜨듯 한 장씩 떠서 발틀에 차곡차곡 쌓는다. 쌓인 물한지는 달구어진 철판 위에서 한 장씩 말린다. 자칫 잘못하면 엉키고 타 버리기 때문에 뜨는 것도, 붙이는 것도 요령이 필요한 기술이다. 그렇게 힘들고 섬세한 과정을 거치면 천 년을 간다는 질 좋은 한지로 태어난다.

한지는 주로 남쪽 지방에서 많이 생산한다고 하지만 강릉의 산골, 우리 마을이 한지 생산의 원조가 아닌가 생각된다. 그 시절 우리 동네에서 만들어 내던 한지와 초지가 최고 명품대우를 받았으니까. 70년이 지난 지금까지 그 한지를 친가에서 귀중하게 보관하고 있어 남편이 붓글씨를 쓰고 사군자를 그려 병풍으로 만들어 쓰고 있다.

그 옛적, 설이 가까워지면 지소는 휴무였다. 그 지소는 간이 목욕탕으로 변신하기도 했다. 시골 목욕 시설이 없던 시절, 삼삼오오 지소의 드럼통을 이용해서 목욕을 했다. 드럼통에 한가득 물을 부어 덥히고 통 바닥에 장작 토막을 깔고 앉으면 뜨끈한 온탕이 된다. 주로 장정(壯丁)들이 많이 이용했다.

저녁마다 닥나무 껍질을 벗기느라 분주하던 삼촌, 머리에 수건을 질끈 두르고 바윗돌 위에 곤죽을 만들던 방망이 아저씨들, 한지를 붙이고 말리러 다니던 또래들 모습도 정겹게 다가온다.

지소가 있던 장소에 KT기지국이 생겼다. 우리 마을에서 만들던 한지, 지금은 구할 수 없다. 명품한지가 영영 사라지고 말았다. 사라진 옛것이 어디 한지뿐이겠는가.

노을의 반려자

꽃 피는 봄날, 뒤늦게 반려자를 새로 만났다. 집안 식구들과 지인, 모두 축하한다며 백년해로를 빌어 주었다. 이제까지 아날로그와 살아온 나는 날렵한 스마트를 품고 온 반려자에게 금방 홀딱 빠져 들고 말았다.

온순하고 퍼주기를 즐기던 백마가 몸살이 났나 했더니 이내 몸져 누워버렸다. 초고령이라 일어날 기력이 쇄진했나 보다. 자동차 검사소에서 배기가스에 걸려 정비소로 이동하는데 브레이크가 잡히지 않았다. 검사소로 들어갈 때만 해도 이상 없었는데. 다행히 한산한 길이다. 엉금엉금 정비소에 도착했다. 점검 결과 운행이 불가하다는 결론이다. 검사소에서 배기가스를 점검하느라 브레이크를 너무 세게 밟아서 배기통이 터져 기름이 흘러 내린 것이다.

폐차를 권유했다. 정비를 해도 다른 곳이 또 탈(頉)이 날 것이란다.

하긴 스무 해나 되었으니, 할 수 없이 폐차장에 연락해서 수순을 밟았다. 키 큰 백마를 타는 나에게 사람들은 멋지다고 칭찬도 아끼지 않았었다. 늙은이와 늙은 백마가 어울렸나 보다. 백마가 떠나는 날, 함께 면허증을 반납하리라. 2~3년만 더 버텨주기를 바랐는데.

 이제 손을 놓아야 할 나이가 아닌가, 고민을 했다. 그런데 자식들이 새 자동차 구입을 적극 권유하며 차종까지 선정해 준다.

 "엄마는 아직은 더, 운신의 폭이 자유로우려면 차가 있어야 해요. 그래야 우리도 편해요."

 나도 당장 발이 묶여 꼼짝 할 수가 없으니 답답하기 그지없다. 주문하면 1년을 기다려야 된다고 했다. 지인들은

 "에고 면허증 반납할 나이에 무슨," 또는

 "아직은 좀 더," 라고들 했다. 아들은 카풀을 하고 우선 그 차를 이용하기로 했다.

 나는 40대 초반부터 허리 병을 앓았다. 수술이나 시술이 안 되는 허리란다. 지금은 자동차 없이는 10m 걷기도 힘든, 하얀 머릿결에 등 굽은 70대 중반 노인네. 30년 전에는 왕복 150km를 자가운전으로 출퇴근 했다. 남편은 퇴직 후 눈길에 미끄러지는 사고로 운전을 기피하는 상왕(上王)이 되었고, 나는 충비(忠婢) 기사가 되었다. 다행히 앉아서 하는 일이면 허리통증이 없다. 아직은 눈도 귀도 건강하고, '인지선별검사'에서도 합격이라는 '운전면허 갱신' 결과다.

 그동안 네 마리의 백마들과 동고동락했다. 89년 뉴소나타를 시작

으로 마티즈, 렉스턴, 코란도 이었다. 처음 소나타로는 우리 네 식구 모두 차례로 면허증을 땄고, 부부 모임 등, 지인들을 태우고 시골집을 들락거리며 삽겹살을 많이도 구워댔다. 딸 몫으로 들어온 가냘픈 마티즈가 제일 힘들고 옹골차게 함께했다. 잔병 치례를 많이 하던 소나타는 내가 99년 명예퇴직을 하면서 결국 하늘로 돌아가고, 마티즈가 홀로 가계의 어려움을 안고, 절약을 위해 우리 네 식구와 더불어 쉴 틈이 없었다. 딸을 출근시키고 돌아와서는 그 작은 몸집에 5m 길이의 철근을 매달고 시골집으로 내달렸다. '2002 FIFA WORLD CUP KOREA/JAPAN' 때는 아들이 평생 다시는 오지 않을지도 모른다고 관람을 제안해서, 상암동 월드컵 축구장으로, 또 2003년 7월 'Peace Cup' 대회 때도 수원월드컵 축구장으로, 덩치 큰 체구의 우리 네 식구를 외동이었던 마티즈가 안내하며 호사시켜 주었다.

그 해 8월, 7인승 렉스턴이 새 가족이 되었다. 그를 태풍 '루사' 때 황톳물에 떠내려가려던 찰나에 붙잡기도 했다. 또 시골집으로 운행 도중에 마주오던 트럭이 중앙선을 넘어와 우리 부부는 각각 가슴뼈가 골절되고, 갈비뼈가 열 대, 세 대씩 부러지는 사고를 당하기도 했다. 그해 9월, 2인승 코란도 밴이 출근하는 아들의 연인이 되었다.

그러구려, 수년 전 내 자동차 렉스턴과 아들의 밴 코란도를 바꾸었다. 아들이 다인승이 필요해서다. 그 코란도 밴에 동료 수영 수강생들을 적재함에 가득 태우고 산으로 들로 시골집으로, 봄나물 뜯고 쑥버무리 해먹으러 다녔다. 감도 따고 단풍놀이도 다녔다. 제일 기억에 남는 건 시골집으로 진달래 꽃놀이를 가던 중, 뒤따르던 경찰 순찰차가 갑자기 '앵앵 삐요옹 삐용' 내지르는 소리에 기겁을 하고 적재함에 타고 있던 동료들에게 준비해 두었던 이불 홑청을 뒤집어 쓰게 해서 짐짝으로 변신케 했던 일이다. 도둑이 제발 저리다고, 길 비켜 달라며 울린 경적을 핵폭탄으로 알고 쓰러지다니, 깔깔 똘똘 배꼽을 쥐어뜯기도 했다.

속도위반과 신호 위반으로 세금도 많이 보탰다. 우리 집 앞 한적한 좌회전 길에는 운전자들이 신호를 무시하고 다니기 일쑤였다. 거기에 나도 끼어들었다. 경찰에 잡혀서 빌기도 했다.

"엄마 같은 사람이니 좀 봐 주십사."

"어제 봐 줬잖아요."

경찰의 대답에 쥐구멍을 찾으며 위반 스티커를 받았던 적도 있었으니, 참으로 염치없는 사람이었다.

백마들을 떠나보낼 때마다 눈물로 배웅했다. 폭풍우 속이나 눈보라 속에서도 나의 발이 되어 준 침묵의 반려자들에게 늘 고마운 마음이었다. 자식 같은 감정이었다. 길 나설 때마다 그들에게 속삭였다. 늘 함께해 줘서 든든하다고 그리고 수고했다는 말도 잊지 않았다.

다섯 번째 내게 와 준 반려자를 XM 3라 이름 붙여 주었다. 앞뒤좌우 감지기로 뾰오옹 뽕뽕 잘도 안내한다. 아리알랑 야리 얄랑 애교도 만점이다. 외모도 절세미인이다. 새로 맞은 반려자의 품에 안겨 노랫가락을 흥얼거리고 있다. 노을빛 기슭에서 다독이고 사랑하며 조심조심 동반하련다.

  이제, 면허증을 반납할 나이가 아닌가! 그러나 몸에 익은 운전이다. 내려놓기는 불편하고 섭섭하다. 아직은 몇 년 더, 자신감을 가지고 용기를 내어 연리목 같은 사랑으로 달려 보련다. 늙마에도 반려자를 맞을 수 있음에 더 없이 감사할 뿐이다.

화인(化人)같은 그

그는 박식하다. 늘 무궁한 이야기가 쏟아져 나온다. 인문학을 비롯해 과학 종교 무속 계까지 해박한 지식을 갖고 있다. 글씨도 명필이다. 펜글씨, 붓글씨, 한글 한문 각종 서체를 두루 섭렵했다. 시도 산문도 잘 짓는다. 허나 작품이라고 버젓이 내놓진 않는다. 오로지 혼자 즐긴다. TV 프로그램, '나는 자연인이다' 등에서 촬영 요청이 쇄도해도 전혀 요지부동이다.

그의 친구들은 대부분 예술인이다. 연극, 음악, 미술, PD, 시인, 소설가, 수필가, 철학인, 무속인 등, 남녀 구별도 없고 연령도 20대에서 70대까지다.

그가 살고 있는 집은 130여 년 전에 건축된 목조 농막이다. 주문진 6번 국도에서 삼산리 싸리골로 들어서면, 여인의 단속곳처럼 산으로 둘러싸인 곳, 울도 담도 없고 산천의 경계도 없는 학고재라 명명한 외딴집이다. 지인들이 몰려와 마음껏 떠들고 가무를 해도 전혀 속박 받지 않는 곳, 동산 위에 떠오르는 너그러운 달빛과 정자 마루, 눈이 시리도록 내리꽂히는 푸른 별빛 아래 지인들의 술잔이 그네를 타고 예술 혼이 널뛰기를 한다.

그는 아주 검소하다. 절대 수입의 범위를 넘는 생활을 하지 않는다. 그의 생활 철칙이다. 생활 용품도 남들이 버린 물건들을 주워와 재활용한다. 사람들은 수입에 맞지 않게, 분수에 넘치는 생활 때문에 문제가 발생한다고 그는 꾸짖는다. 공학도이었지만 목수 일도 한다. 몸 쓰는 막노동이 좋다며, 한 달에 일주일 정도만 일하고 나머지 시간은 자신에게 투자한다.

그는 무욕의 소유자다. 욕심이 백지다. 세상 부러울 게 없다. 텃밭에는 두릅나무를 비롯해 각종 산채들이 지천으로 산재해 있으나 딱 한 끼 먹을 만큼만 채취한다. 다 내려놓은, 해탈한 스님 같다. 멧돼지가 마당으로 내려오면 눈으로 말을 건다.

"얘 이놈들아, 남의 집에 함부로 쳐들어오면 어떡하니?"

'예, 아저씨 미안해요, 지렁이가 많아서요.'

멧돼지들도 마냥 꿱꿱대며 파먹다가 간다. 미물도 인간이 해치지 않으면 그들도 인간을 해치지 않는다는 게 그분의 믿음이다. 불교에서 이르듯, 만물에는 마음이 있다고 믿는다. 그 마음 작용에 의해 서로 소통한다는 것이다. 마당에는 길고양이들의 밥그릇이 세 개나 있다. 지인들이 놀러 와도 그들을 위해 특별히 차리지 않는다. 나름대로 놀다 가도록 만 배려한다. 그들은 알아서 해먹고 주방, 골방, 초 방 가리지 않고 적당한 곳을 찾아서 잔다.

그는 철저한 환경 지킴이다. 그의 생활 속에는 쓰레기가 별로 없다. 음식물 찌꺼기는 밭에 묻어 거름으로, 태울 수 있는 것은 불쏘시개로 쓴다. 밭농사에도 비닐을 씌우지 않는다. 농작물이나 밭에도 농약이나 제초제를 전혀 사용하지 않는다. 주방 세제는 쌀뜨물이나 밀가루 같은 걸로 만들어 쓴다. 흙 부엌에 아궁이를 고집한다. 집밖에 나가면 땔감이 지천이라며, 조금만 노력하면 자연과 함께 친환경으로 살아갈 수 있단다. 산짐승 풀벌레 산천초목들에게도 침입자가 된 것이 미안해 최소한의 방안 등불만 밝힌다.

그가 어렸을 때, 그 가정의 일화다.

마을 어떤 남자가 산에서 나무를 해오면 여자가 이고 시장에 내다 팔아서 그때그때 끼니를 이어가는 빈한한 부부가 이웃에 있었다.

어느 날,

"아지매요, 저녁거리 좀 꿔 주소. 오늘은 나무를 몬 팔아 그냥 돌아왔서예."

"아이고 우짜노. 우리도 내일 아침거리밖에 없는데."

사랑채에 있던 그의 부친이 와락 방문을 열고 벼락같이 호통을 친다.

"내주지 않고 뭐하노. 우리는 오늘 저녁 먹을 건 있잖나. 그 집은 당장 먹을 게 없다잖아."

다음날 그 가족들은 아침에 모두 고구마를 먹었다고 한다.

또 다른 이야기, 식 때만 되면 그의 집에만 찾아오는 춘보라는 거지가 있었다. 춘보는 그의 식구들이 둘러앉아 식사하는 축담 밑에 쭈그리고 앉는다. 혀가 짧은 그는 입맛을 다시며 중얼거린다.

"아- 따따다아, 마시게따아. 바브낸새 조으따아. 자도 머른다."

절대 밥 달라는 말은 하지 않는다. 대청마루로 올라오라며 밥사발을 내밀면 게 눈 감추듯 하고는 또 혼잣말을 한다.

"내는 무는데, 울어메는 우짜노. 몬 무꼬 이스낀데, 으으~ 내는 배부른데 울어메는 배고푸낀데. 어메는 군고 이스낀데," 만 되뇐다. 결국 밥보자기를 받아 들고서야 좋아라. 뒤뚱거리며 나가는 춘보의 뒷모습을 보고 식구들이 흐뭇해하곤 했다는 것이다.

그의 집 사랑방은 늘 열려있었단다. 그의 부친은 한학자로 시화(詩畫)에 능해서 늘 벗들과 함께 시를 짓고 사서삼경, 노·장자에 대해 담론하고 토론했다는 것이다. 그는 이것저것 귀동냥하는 게 좋아 어른들이 오시기를 기다렸으며 물심부름도 하면서 뒷전에 끼어 앉았다 했다.

그의 가족은 서울에 있다. 연인 시절 부인은 결혼을 위해서 부잣집 딸이라는 걸 숨기다가 결혼이 임박해서야 실토를 했다. 처가에서 살림집을 마련해 주겠다고 했으나 사양하고 전셋집으로 신혼 생활을 출발했단다. 그 부인은 박사 학위까지 취득하고 서울 종합병원 수간호사를 지냈으며 퇴임 후에는 각처의 강의 청탁에 임하고 있다. 자식들도 모두 성장해 독립했다.

그는 한 달에 한번쯤 서울에 다녀온다. 산천초목 푸르름만 바라보던 그의 두 눈은 도시의 빌딩 숲에서는 견딜 수 없어 사흘을 겨우 넘긴다. 확철대오(廓撤大悟)한 스님 같은 삶으로 따로 인 듯, 함께인 듯 서로 자기의 생활을 이어가며 만족해한다.

  내가 그를 좋아함은 그가 참으로 고매(高邁)한 인격의 소유자이기 때문이다. 누가 보든 안 보든 자신을 갈고 닦는다. 자신에게 충실하고 자신의 생활을 즐기는, 고결(高潔)한 영혼의 소유자다. 그래서 나는 그를 사부(師傅)님이라 부른다. 흰 수염에 하얀 머리카락을 흩날리는 그는 늘 개량 한복차림이다. 맑고 향기로운 사람, 그에게서는 청량한 하늘 냄새가 난다. 그와 이웃이어서 나는 참 행복하다. 화인(化人)같은 그를 만나면 마냥 즐겁고 마음이 풍성해진다.

아름다운 마음

갑자기 대문 벨이 요란했다.

윗동서인 형님이 난데없이 돈뭉치를 들고 왔다. 그러니까 2000년 5월 31일, 우리 내외는 식전부터 마당의 풀을 뽑고 있었다.

형님은 어슴푸레한 새벽 4시, 현관문을 밀고 나섰다. 더워지기 전, 운동을 다녀오려고 일찍 서둘렀단다. 그런데 무언가 발끝에 걸리적거리면서 둔탁한 느낌이 전해왔다. 다시 밀치고 살피니 두툼한 누런 종이봉투였다고 한다.

'누가 쓰레기를 남의 집 현관문 앞에 버렸지.' 괘씸한 마음을 안고 발로 휙 차 보았다. 느낌이 이상하다. 봉투를 발로 비비적거리다 다시 주워 들고 이리저리 훑어보다가 열어보았다.

'아니, 이건!' 시퍼런 만 원권 지폐뭉치와 수표도 여러 장 들어 있지 않은가. 가슴이 벌벌 떨렸다. 꼭 자신이 무언가를 훔쳐온 것 같았다. 순간 오만가지 바람이 머릿속을 스쳐갔다. 비디오가게를 접으려는 아들에게 갖다 주면 당장 써 버릴 게 불을 보듯 뻔하고, 한동안 갈팡질팡했다. 결국 형님은 택시를 타고 우선 우리 집으로 왔다는 것이다. 자초지종을 이야기하는 형님은 지금도 가슴이 벌렁거린다며 우리에게 맡으라고 하면서 돌아갔다.

　조용히 듣고 있던 남편이 재촉한다. 나는 즉시 파출소로 향했다. 습득물 신고하는 것도 까다롭고 절차도 복잡했다. 자그마치 현금 850만원에 수표 350만원이다. 그 일을 마치고 시골로 일손을 도우러 갔다. 방송국에서 연락이 왔다. 형님네 주소를 가르쳐주었다.

　그날 저녁 강릉MBC강릉방송국 지방뉴스 시간에 형님의 선행이 전파를 탔다. 주인을 찾아 돌려주는 형님의 얼굴은 한가위 떠오르는 보름달 같았다.

　누런 종이봉투 주인은 아파트, 같은 라인 5층에 사는 사람이었다. 그는 자동차 인사사고를 내서 보상비로 지불하려고 여기저기 빌려 온 돈인데, 술 한 잔하고 취중에 4층인 형님집이 자기 집인 줄 알고 문 앞에서 서성이다 돌아가면서 떨어뜨린 모양이었다. 오늘이 보상금 지불 마감일이라 이행하지 못하면 수감될 수도 있는 절박한 상황이었다고 했다.

　형님은 농아 2급 장애자다. 돈뭉치를 들고 우선 우리 집에 온 이유는 충분히 이해할 수 있다. 우리들 결혼 전 시숙이 요절하면서 남긴 유언에 따라 남편이 어린 조카 셋과 형님, 그리고 어머님을 월 셋방에서 돌보며 살았었다. 그가 짊어진 짐의 무게를 계산해볼 요량도 않고 어리바리는 마음속 연분홍 장미꽃을 피웠다. 자연히 모든 집안일에 우리부부는 구심점이 되었고 최대한 힘을 보탰다. 그 셋집에서 얼굴 한번 붉힌 일 없이 15년 만에 독립했다. 그 뒤 어머님이 타계 하셨고, 작은 조카도 그 뒤를 따랐다. 지체장애자가 된 큰조카의 자립을 위해 얼마 후 장애인 대출로 비디오 가게를 차려 주었다. 남편이 퇴직한 후이기에 농협대출 보증을 내가 섰었다. 엎친 데 덮친 격으로 조카의 방만한 운영으로 보증금까지 모두 날리고 폐업했다. IMF때라 25%의 복리이자가 내 월급에서 꼬박꼬박 나갔다. 내가 명예퇴직을 하고 퇴직금이 농협으로 나오자 바로 그 큰 금액의 대출금부터 상환했다. 내 통장에 들어오면 못 갚고 자꾸만 미룰 것 같아서였다. 그 전부터 형님네는 기초생활수급자 가정이었다. 이제 큰조카도 이 세상 사람이 아니다. 조카딸만 결혼해서 멀리 살고 있다.

  온갖 유혹과 흑심을 뿌리치고 우리 집으로 달려온 형님. 고운 형님의 마음에 감사하는 내 마음을 덧붙였었다.

  근황이 궁금해서 방문한 내게 형님은 20여 년 전 그때의 그 돈뭉치 사건을 소환하며 행복해한다. 오늘처럼 편안하고 밝은 형님의 얼굴이 오래도록 계속되었으면 하는 마음이다. 주는 것은 곧 받는 것이라는 진리를 깨닫게 해 준 형님이다. 형님의 그 아름다운 마음이 두고두고 잊히지 않으리라.

열 개의 바퀴를 굴리는 사람

오래된 차고는 무용지물이었다.

최근에 그 차고가 아주 긴요하게 쓰인다. 빈터만 지키던 차고는 열 개의 바퀴를 안고 싱글벙글한다.

새 가족이 둥지를 틀었다.

30년 전 토지공사에서 단독주택단지를 조성했다. 그때 골목을 왕복 2차로 정도 내주었다. 가족 수만큼 자동차를 보유하게 된 집들이 그 골목 양옆으로 빼곡히 주차하고 있는 실정이다. 우리도 대문 안에 넣기 힘들어 담장 옆에 주차한다.

골목 도로와 경계를 이루는 우리집 대문을 들어서면 바로 노천차고다. 바윗돌과 꽃, 나무들로 둥그스름하고 비스듬한 언덕으로, 사람 키 정도 높이의 마당이 올려다 보인다. 그 차고를 가로질러 자연석으로 된 계단을 밟고 마당으로 올라 아래층은 현관으로 이층은 계단으로 오른다.

그 집은 승용차가 없다. 가족은 다섯 명, 부부와 20대 초중반의 아들만 셋이다. 모두 자전거를 이용해 볼일을 본다. 저녁이면 자전거 다섯 대가 일상을 마치고 차고에서 횡대로 엎드려 숨을 고른다.

이층 아버지는 건설회사 일용직원으로 거푸집 짜는 목수다. 아버지 자전거는 노후 된 검은색 자전거다. 그가 마당 구석에 잔디를 걷어내고 만든 조그만 상추 밭에서는 색색의 상추가 줄을 맞춰 꽃처럼 자란다. 좀 떨어진 농촌에 조상으로부터 물려받은 작은 밭에도 자전거로 다닌다. 그 마을 '녹색혁명 자립마을' 회원으로도 참가한다. 풀 베는 날에는 첫째 아들의 짐자전거를 타고 가 운반을 돕는다. 마을 대청소날이나 자연보호 날에도 빠지지 않고 자전거로 간다.

이층 엄마는 식당에서 허드렛일을 한다. 예쁘고 아담한 빨간색 자전거에 바구니가 달려있다. 선한 눈매가 인상적이다. 이사 오던 날, 전에 살던 집 할머니가 잘 살라며 팥죽 한 솥을 쑤어 주었다며 한 그릇 가져오기도 했다.

첫째는 자전거 매장에 나가며 자전거를 고치는 기술자다. 그의 자전거는 튼튼한 파란색 짐자전거다. 뒤쪽에 널찍한 철망도 덧붙여 최대한 짐을 많이 싣도록 되어있다. 고물자전거를 싣고 와 차고에서 마냥 펼쳐놓고 시간가는 줄 모르고 반들반들 새 자전거로 바꾸어 놓는다. 일에 몰두하는 청년이 마음씨 좋은 나한상 모습이다. 늘 기름투성이 얼굴로 저렇게 열심히 일을 해서 얼마나 버는지 궁금하기도 하다.

"영주야, 그렇게 고쳐주면 얼마 받니?"
"안 받아요. 그냥 고쳐줘요."
"왜?"
"재미있어서 하는 일인데요. 뭐."
그 대신 손님들이 많이 찾아온다고 했다.

못쓰게 된 것들에서 재활용할 것도 나온다 한다. 장갑도 끼지 않아 새까만 손으로 하얀 이를 드러내며 웃는 그의 얼굴이 유난히 평화로워 보인다. 기특하고 대견하다. 가끔 마당에서 내려다보며 열심히 일하는 첫째에게 말을 건다.

"영주 전용 일터네, 열심이구나."
"그러게요. 전에 집 할머니는 어지럽힌다고 잔소리도 많이 했는데요."
"얘, 그러지 말고 대문에 써 붙여라. '자전거 고쳐드립니다'라고."
"그래도 될까요?"
그의 얼굴이 환해진다.
"되고말고. 그래서 넌 사장하고 동생들 가르쳐 가게 차려라. 「열개의 바퀴를 굴리는 자전거 센터」 어떠냐? 좀 긴가. 세는 안 받을게."

그렇게 한다면 도와주고 싶다.

첫째는 얼핏 좀 어눌한 듯 보인다. 왜소한 외모에 사팔뜨기다. 말도 더듬거린다. 중학교 졸업이 전부다. 그러나 못하는 일 없고 세상사 돌아가는 이치를 잘도 안다. 우리집 어려운 일에 제일 먼저 나선다. 나는 그에게 '만사형통'이란 별명을 붙여 주었다.

이사할 때도 잡다한 짐들을 가득 실은 손수레를 자전거 뒤에 매달고 서너 번씩 날랐다.

"왜, 차가 올 때 모두 싣고 오지 힘들게 끌고 오냐?"

"큰 것만 싣고 안 실어줬어요. 많다고. 이렇게 끌고 오면 되는데요."

둘째는 그 어머니가 다니는 식당에서 서빙 일을 한다. 고등학교 2학년 때 사춘기를 맞으며 우울 증세를 보여 중퇴하고 지금껏 약을 먹고 있다. 빙긋이 웃는 얼굴에 말이 없다.

셋째는 자원 센터에 나가 폐품 수거 분리 작업을 한다. 새벽 5시면 쿵쾅거리며 발소리가 들린다. 회사 차를 타고 격일제로 시내·외를 돌며 수거한다. 제일 힘든 것은 쓰지 못할 쓰레기를 재활용봉투에 끼워 넣는 양심이란다. 격분이 치밀어 오른다고 한다. 말을 더듬는 버릇이 있다.

"우리 엄마는 음식물 묻은 비닐봉투나 빈 우유통도 모두 헹구어 버리는데 말이에요."

그 말은 나를 돌아보게 한다.

다행히 우리집 음식쓰레기는 마당 나무 밑 멀찌감치 묻으니 조금은 위안이 된다. 꽤 쓸 만한 폐품이 나오는 날은 기분이 좋다고 한다. 들어올 때 보면 얼굴도 새까맣고 냄새가 난다. 한창 응석 부릴 나인데 대견하다. 둘째, 셋째는 기아가 달린 고급 자전거를 굴린다.

지난해 이층 사람들이 베트남으로 가족여행을 갔다 왔다. 현지에서 자전거를 대여해 저렴한 경비로 다녀왔다 한다. 날씨가 더워 힘들었지만 세세한 것들도 볼 수 있어 재미있고 유익했다고 자랑한다. 손짓 발짓으로 표현하다 보니 다 통하더라고 웃는다. 다음엔 가족이 자전거 전국 일주를 해 보고 싶단다. 그 소원 꼭 이루어지기를 응원한다.

나는 이층 형제들이 한 번도 싸우거나 큰소리치는 걸 들은 적이 없다. 그들은 마음이 순수하고 맑고 천진스럽다. 욕심 부리지 않고 열심히 각자의 힘으로 살아간다. 몇 건 소개도 해줬다.

어느 날은 만두를 하면서 자전거를 수리하고 있는 첫째를 불렀다. 그런데 하나만 먹고 입맛만 다신다. 동생들 갖다 주고 싶단다. 서로 돕고 의지하는 가족의 모습이 백만장자, 고관대작에 부럽지 않다. 가진 범위 내에서 만족하며 끈끈한 가족애가 부럽기까지 하다. 행복지수가 높은 가족들이다.

사람은 누구나 봄을 꿈꾸며 일생동안 살아간다. 이층 가족들은 어떤 꿈을 꾸고 있을까.

지인 중에 오두막에서 전원생활을 하는 이가 있다. 몸 쓰는 막노동이 좋다며 철저한 환경지킴이다. 흙 부엌에 아궁이를 고집한다. 집 밖에 나가면 땔감이 지천이라며 조금만 노력하면 된단다. 그분도 자전거를 이용해 생활한다. 큰 길에 나가면 시내버스가 시간마다 있어 불편함을 못 느낀다 한다.

열개의 바퀴를 굴리는 사람 • 43

이층 사람들이 꼭 그런 사람들이다. 차를 구입할 형편이 안 되는 것도 아니다. 굳이 차를 필요로 느끼지 않는다 한다. 멀리 일 나갈 때는 회사 차가 온다. 자동차는 보험 들고, 세금 내고, 사고 나면 큰돈 들이고 오히려 걱정스럽단다.

가끔 다섯 명이 함께 자전거 전용도로를 달린다. 가족행사다. 야외 나들이도 자전거로 한다. 열개의 바퀴에서 신선한 바람이 분다. 앞 서거니 뒤서거니 굴러가는 모습은 과히 자전거 경기를 보는 듯하다. 목욕 갈 때도 프로펠러처럼 열개의 바퀴가 힘차게 돌아간다.

그들은 식구가 모두 일하기 때문에 복지 혜택도 받지 못한다. 자신의 힘으로 살아가는 걸 자랑스럽게 생각한다. 분수에 맞춰 생활할 줄 안다. 자전거를 타며 건강을 지키니 병원 갈 일도 드물다. 그들만 같으면 환경오염도 복지정책도 머지않아 바닥난다는 건강 보험료도 걱정 없을 것 같다.

봄을 향해 열개의 바퀴를 굴리는 이층 사람들, 아름답고 장하다.

2부

이층사람들

이층 사람들
빙의는 마음에서 오는가
구들이
산골고라리의 한나절
별빛 안은 학고재(鶴皐齋)
무순이
서른한 명의 제관
오 하늘이시여

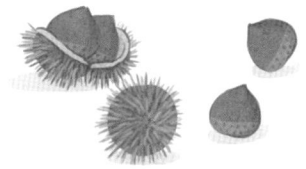

이층 사람들

이층에 새 가족이 둥지를 튼 지도 십년이 되었다. 20대의 아들 삼형제도 30대가 되었다. 처음 열개의 바퀴를 굴리던 가족이 스무 개 이상의 바퀴를 굴리는 여유가 생긴 것 이외는 모든 상황은 예전이나 변함이 없다. 거푸집 짜는 목수 아버지, 식당 도우미 일을 하는 어머니, 재활용품 분리수거 일을 하는 첫째와 셋째, 우울증을 앓고 있는 둘째가 그들이다.

이층 사람들은 아직 그 흔한 자동차가 없다. 우리 집 차고에는 그들의 자전거 십여 대만이 화려했던 지난날을 그리워하며 노쇠한 경주마처럼 엎드려 있다. 외출 시에는 스무 개의 바퀴가 의상에 맞추듯, 그날그날의 용도에 맞춰준다. 십여 대 이상의 가족 전용 자전거를 소유한 이층 사람들은 마음 가는 대로 골라서 타고 다닌다. 일상용, 짐 운반용, 산악용, 경기용 등, 그런데 돈을 지불하고 산 것은 하나도 없다. 모두 버린 것들을 주워와 고쳐서 쓰고 있다.

보금자리를 튼 지 며칠 안 되어 첫째가 비워둔 우리 노천 차고로 십여 대의 폐자전거를 끌어 날랐다. 그리곤 뚝딱거리기 시작했다. 자기가 자전거 고치는 기술자라나. 마당에서 내려다보던 나는 너무 대견하고 믿음직스러워 농담을 했다.

"대문에 써 붙이면 되겠네, 자전거 고쳐 드립니다. 그리고 동생들 가르쳐서 자전거 수리 센터 차려도 되겠군."

진정 도와주고 싶은 마음이었다. 폐자전거들을 펼쳐 놓고 탕탕거리는 모습이 거룩해 보이기까지 했다. 늦은 밤까지 뚝딱거렸다. 희미한 전등불이기에 현관에서 전기선을 뽑아 밝혀 주었다. 첫째의 생각은 폐자전거 중 쓸 만한 것은 고쳐서 팔고 나머지 고철은 뽑아 팔겠다는 것이다. 처음엔 나도 버려진 자전거를 보이는 대로 내 코란도 밴에 싣고 와 보탰다. 소비가 미덕인 시대라지만 그리도 많은 폐자전거가 쏟아져 나오는데 놀랐다. 끝도 없이 주워오는 폐자전거, 대부분 유아용과 어린이용이다. 첫째의 폐자전거 모으기는 과히 광적이다. 폐자전거에서 고철을 빼느라 차고의 돌 타일은 다 깨지고 빠져서 시멘트 바닥은 곰보 무늬가 되었다.

차고에만 모이던 폐자전거가 이층 굽이도는 계단 공간에까지 쌓였다. 바람 부는 날은 폐자전거 무덤 위에 씌워 둔 파란 천막갑바가 깃발처럼 휘날리기도 한다. 언젠가는 팔릴 것이라는 기대로, 식구들은 그 옆으로 다람쥐처럼 오르내린다. 그러나 성인용 자전거 두 대를 내가 사서 지인에게 준 것 외에는 수요가 거의 없다. 내 자식에게만은 새롭고 좋은 것만 안겨 주려는 젊은 부모 세대가 아닌가.

어느 날 저녁, 급기야 우리 아들이 푸념을 했다.

"엄마 오늘 낮에 중국 친구를 데리고 대문을 들어서니, 온 차고에 자전거를 펼쳐 놓고 뜯고 고치느라 들어설 수가 없어서 뒷대문으로 들어왔어요. 이층 아이들 이젠 못 주워오게 하셔요. 그리고 깨끗이 치우라고 하셔요."

듣고 있던 딸이 나섰다.

"얘, 엄마가 처음부터 허락했어, 이제 뒤집을 수 없어, 노는 땅이니 그냥 둬."

"그때그때 몇 대 고쳐 주는 걸로 끝날 줄 알았지, 저리 태산이 될 줄이야 나도 몰랐어. 어지럽고 보기 싫어도 할 수 없지, 살겠다고 하는데 어쩌겠니."

내 변명이다.

"그래도, 웬만해야지, 나 참."

아들의 볼멘소리다.

허리 아픈 내가 쉽게 다닐 수 있는 뒷대문으로 다니니 아이들도 그 문을 이용한다. 앞대문으로는 차고를 지나 돌계단으로 오른다. 주로 이층사람들이 사용한다.

얼마 후 아들이 일본으로 장기 어학연수를 가게 되었다. 담장 밖에 주차하던 자동차를 차고에 넣겠다고, 타고 다니는 자전거만 두고 치워 달라고 했단다. 내가 외출에서 돌아오니 첫째가 자랑하듯 이른다.

"고물상에서 두 트럭을 실어가고 쓸 만한 것만 마당에 올려놓았어요."

쌓아둔 자전거 무덤 위로 역시 시꺼먼 낡은갑바를 덮어 놓았다. '맙소사, 치우라고 했더니 고작 마당에 끌어 올렸네.' 갑바 속 자전거에 깔린 잔디는 하늘 구경을 못해 숨을 죽이고 있다. 폐자전거 천국이다. 차고에도 마당에도 이층 베란다, 계단에까지도. 주위 사람들은 우리 집을 고철 수집 고물상인 줄 여긴단다.

이층 아버지가 걱정을 한다. 첫째와 셋째는 지적정신장애2등급이고, 둘째는 우울증으로 방에만 틀어박힌 채 섬망에 들어 있으니 큰일이라고 입맛만 다신다. 그래도 그들은 그 누구에게도 도움이나 동정을 받으려 하지 않는다. 그들 나름으로 열심히 살아간다. 그들은 노력한 결과의 많고 적음을 따지지 않는다. 그 마음이 갸륵하고 고맙다. 특히 셋째는 정직하고 남이 싫어하는 일을 하지 않는다. 말은 어눌하지만 사람이 지켜야 하는 기본 도리를 안다. 그 형의 어지럽힘을 늘 미안해한다. 마음이 비단 같고 남을 해코지할 줄 모른다. 틈틈이 폐지와 공병, 고철을 모은다. 나도 보태준다. 그가 기꺼워하는 모습에 나도 흐뭇해진다. 지난 크리스마스 무렵, 교회에서 어떤 아주머니가 찾아왔다. 이층 사람들에게 성금을 좀 전하려는데 전혀 받지 않으려 하니, 내게 중재를 해 달란다. 다행히 며칠 후 그 아주머니가 사정사정해서 겨우 전달하고 갔다.

그들을 보면서 정원을 가꾸려는 나 자신이 사치스러운 것은 아닐까 되돌아보기도 한다. 성실히 살아가는 그들에게 차고와 마당을 어지럽힌다고 탓하기가 미안해 나 스스로 치우기도 한다. 저들을 노을빛 속으로 보내면 어디로 갈 것인가. 이층 가족에게 새벽빛, 찾아와 하루 속히 좋은 날 들로 이어지기를…. 아직도 나는 첫째의 행동과 생각이 갸륵해서 던진 내 농담에 발목이 잡혀 있다.
"첫째야, 제발 쓸 것만 남기고 깨끗이 비우자."
이층사람들이 굴리는 열 개의 바퀴에서는 봄날 오얏꽃 향기가 난다.

빙의는 마음에서 오는가

무녀들의 내림대굿이 절정을 이루고 있다.

강릉 남대천, 단오장 굿당에서다. 5일 동안 무악을 울리며 올린 씻김굿 살풀이굿 신장굿등에 국사성황님께서 흡족하셨는지, 대를 내려 알아보는 굿이다. 무녀의 애절한 축원으로 손에 잡고 있는 대가 떨리면 굿을 잘 받은 것으로 믿고 신목과 꽃, 위패 등을 태워 그 신을 돌려보내는 환우 굿으로 모든 제차(祭次)를 마친다.

단오 굿을 담당하는 무녀들은 대체로 집안의 대를 잇는 세습무들이며 기능보유자들이다. 무녀들은 노래와 춤, 재담으로 굿을 하고 양중(남자무당)들은 무악을 연주하며 중놀이 탈굿 원님놀이 등 풍자적 촌극을 벌이기도 한다.

우리 집에서도 굿을 했다. 50여 년 전 겨울이었다. 집안이 뒤숭숭하다고 시어머님이 점집에 다녀왔단다. 조상들이 노해서 막내조카가 정신병이 났으니 굿을 하면 깨끗이 나을 거라 했다. 안 들었으면 약인데, 어쩔 수 없다며 무당 네 집에서 큰굿을 하기로 예약했다며 백리길이나 되는 탄광촌 내 집에 그 통보를 들고 형님이 오셨다.

어쩌나, 미신이라 생각하면서도 어머님 명령이 아닌가. 퇴근한 남편에게 자초지종을 전달하며 가봐야 될 것 같다 했다. 노발대발한 남편은 절대로 가지 말란다. 그러나 나는 그럴 수 없었다. 수업을 마치고 남편 몰래 집을 빠져 나왔다. 기차를 탔다. 막내동서도 와 있었다. 사설(辭說)에 북 치고 장구 치며 밤새 둥둥 야단법석이었다. 무녀들은 당사자인 고등학생 막내조카도 불러내 무녀 복을 입히고 양 날개를 펄럭이게 했다.

무녀가 말했다. "대를 잡아야 하는데 누가 할래요?"

어머님이 먼저 "나는 원래 대가 내리지 않는다."고 하셨다. 형님은 굿을 주관하는 당사자니 안 되고 막내동서도 싫다고 했다. 그러고 보니 남은 사람은 나밖에 없네.

결국 내가 대를 잡았다. 등 떠밀리기도 했지만 호기심도 생겼다. 그럼 해 볼까, 마음속으로 '대야 내리지 마라. 제발 흔들리지 말거라.' 계속 주문을 외웠다. 무녀들이 한 시간 정도 고막이 날아갈 것 같은 요란뻑적지근한 주문을 외우나 쥐고 있는 대나무는 꼼짝도 않는다. 무녀들의 주문이 한층 더 고조된다. 장구와 꽹과리 얼러치기 소리가 천지를 진동한다. 시간은 계속 흘러가고 있었다.

한밤중 나는 마침내 마당으로 뛰쳐나가 곤두박질쳤다. 담장 밖으로도 달려 나갔다. 브레이크 파열된 자동차처럼 멋대로 휘젔고 다녔다. 횡설수설, 펄쩍펄쩍 날아다니는 나를 잡아들여 마당에 눕혀놓고 온몸을 짓누르며 옴짝도 못하게 하고는 칼을 입에 물리고 온몸에 찬물을 퍼붓고 방방 거렸다. 죽을 것 같은 고통이었다. 무녀들의 접신이 끝난 것이었을까. 사지가 들려 겨우 방으로 들여 눕혀졌다. 어렴풋이 무녀들의 중얼거림이 들려왔다.

"정말 사람 잡을 뻔했네." "내일 출근해야 한다는데…." "무슨 귀신이 그리 세냐."

처음에는 '대야 내리지 마라'고 마음을 바싹 조이고 버티었다. 차츰 무녀들이 땀 흘리며 애쓰이 안타까워 얼른 끝내고 싶었다. 마음을 고쳐먹었다. '무녀들 주문대로 흔들려라. 흔들려라 대야, 대야.' 나도 모르게 거짓말처럼 잡고 있던 대나무가 흔들리는 것이 아닌가. 그리고 이상하게 몸이, 마음이, 행동이 뜻대로 되지 않는다. 대를 잡은 손은 내 의식과는 상관없이 어머님과 형님, 동서 앞으로 기어 다니다가도 보릿대춤으로 몸을 흔들어대고 혼백의 목소리로 중얼거려댄다. 거미 몸에서 줄이 나오듯 술술 말이 나오고 울며 웃는다. 정말 미친 것인지 신이 실린 것인지. 의식과 행동이 분리된다는 것을 자각하면서 스스로 제어되지 못하는, 어쩔 수 없는 내 행동들이었다.

형님네 집으로 가서 언 몸을 녹이는 둥 마는 둥 새벽 기차를 탔다. 출근을 해야 했다. 기차 밖에 없던 때였다. 이른 아침 집에 들어서는 내게 호된 질책을 내렸던 남편은 그런 상황을 모른 체 얼마 전 하늘로 갔다.

요즈음 굿은 미신이 아니라 토속 신앙으로, 대학교에서도 학문으로 정립하겠다고 학과로 개설하는 대학도 생겨나고 있다. 단오 굿당에도 방년(芳年)의 꽃다운 나이의 처녀 총각들이 추임새를 넣으며 사물놀이로 장단을 맞추곤 한다.
 유년시절 음식에 체하면 이웃 할머니가 객귀 물림을 해줬다. 또 배가 아프면 할머니가 배를 쓰다듬으면서 '내손이 약손이다.' 라고 주문을 왼다. 신기하게도 통증에서 벗어나곤 했던 기억이 난다. 이 모두 예부터 내려오는 토템을 숭배하는 사회적 인습으로 토테미즘을 지니고 있음이다. 꽃들이 향기로써 서로를 알아보듯이 사람들은 만나서 눈으로 보고 악수로 인사를 나눈다. 피부에 닿는 촉감으로 따뜻함과 부드러움, 차가움, 건강, 감정까지도 느끼게 된다. 상대의 감정이 전달되는 것이다. 현대 과학적 해석으론 서로의 피부가 접촉되므로 도파민 호르몬의 분비로 사랑하는 감정과 행복감으로 정신적인 안식을 얻기 때문이라 한다. 어른들이 아이들 머리를 쓰다듬어 주면서 칭찬해 주면 아이들은 좋아한다. 이런 현상도 같은 맥락이라 하겠다.
 오래전 직장에 출근할 때 이유 없이 나를 괴롭히고 회식자리에서 주사를 부린 이가 있었다. 너무도 큰 상처였기에 감당할 수 없었다. 사면팔방 암 흙속 빈방에서 그를 용서하게 해 달라며 두 시간이나 엎드린 채 간곡히 주문인지 기도인지 한 적이 있었다. 눈물범벅이 되었다. 내 마음이 그토록 편할 수가 없었다. 상대를 용서한다는 것은 결국 나를 용서하는 것이요, 내 마음이 편하기 위해서이다. 나를 돌아봄으로써 마음이 온화해지고 순화되며 사랑이 싹트게 된다는 걸 어렴풋이 깨달은 느낌이었다. '다툼 뒤에는 내 마음 편하기 위해 먼저 사과하고 잊어버린다.'고. 한 딸아이의 말이 생각난다. 주는 것은 곧 받는 것이라는 진리를 깨닫게 해 준 기회였다.

빙의(憑依)는 마음에서 온다고 본다. 사람은 마음먹기 나름이라는 것을, 마음 쓰는 대로 되는 것이 아닐는지….

구틀이

　그의 어머니를 나는 아재라고 불렀다. 아재는 외동딸이었다. 뻐드 렁니가 흡사 오랑우탄을 닮았지 싶었다. 하지만 그는 인정 많고 배려심이 깊어 동네 경조사에 늘 불려 다녔다.
　어느 날, 만삭의 몸으로 우리 노 할머니 회갑연에 부엌일을 돕던 아재가 뒷간에서 별안간 비명을 질러댔다. 놀라 달려가 보니, 정낭 구틀(부출의 강원도 방언)에 샛말간 새끼 강아지 같은 핏덩이가 고물거리고 있더라는 어머니 말씀이었다. 동네 사람들은 그 아기를 '구틀'이라 불렀고, 그 후 자연스럽게 그의 이름이 되었다고 한다.
　구틀이는 얼핏 좀 어눌해 보였다. 똥자루 같은 키에 코도 훌쩍였다. 게다가 얼굴도 곰보였다. 학력이라고 해야 고작 초등학교 4학년이 전부였다. 그러나 그는 못하는 일이 없었고 세상사 돌아가는 이치도 모르는 바 없어 보였다. 그런 탓으로 동네 궂은일에는 제일 먼저 불려 다녔다. 그에게 만사형통이란 별명이 붙은 게 괜한 일이 아니었다.

구틀이 아버지는 목수였다. 그가 어렸을 때 하늘로 떠났다. 속설을 믿는 어른들은 집을 짓다가 지골을 맞아 급사했다고 했다.

그의 성격은 털털한 듯 보였지만 강직하고 원리원칙을 찾는 우직하고도 합리적이었다. 혹여 그가 읍내 농협에라도 가면 직원마다 대필을 시켰다. 어쩌다 동네에 농기계가 고장 나면 으레 그를 찾았다. 그뿐인가. 그는 보기보다 머리가 좋고 힘도 장사 못지않았다. 어찌 그리 힘이 세냐고 물으면 일을 많이 하면 힘이 세진다고 대답하곤 했다. 목욕탕에도 자주 간다지만 항상 세수를 하지 않은 것 같이 꾀죄죄해 보였다.

그는 언제나 홀로 된 어머니에게 지극정성이었다. 마을 경조사가 있으면 어머니를 꼭 오토바이에 태우고 오갔으며, 어른들은 무척이나 부러운 시선으로 바라보았다. 하지만 그가 자그마치 장가를 일곱 번이나 갔다는 건 참으로 놀라운 일이 아닐 수 없었다. 그렇지만 그에겐 안사람도, 슬하에 자녀도 없어 어머니에게 송구하게 생각하는 일이었다. 그래도 전혀 우울해 하거나 외로움을 보이지 않았다.

그는 항상 코미디언처럼 주변 사람들을 즐겁게 했다. 언행이 반듯하고 유머가 있으며, 감성지수 또한 아주 높아 보였다. 사람들은 구틀이가 공부를 좀 더 했더라면 필경 큰일을 할 인물이라고들 입을 모았다. 밤이면 적적해 할 어머니를 위해 이웃 어른들을 모셔다 함께 지낼 수 있도록 배려하기도 했다. 저녁마다 그의 집은 시끌벅적했다. 어른들의 귀갓길엔 꼭 집집이 모셔다 드리는 수고도 서슴지 않았다.

내 어머니 장례를 지낼 때였다. 광중을 파고 달구를 했다. 지켜보던 아들이 '구틀이 아저씨가 제일 열심히 정성껏 하던데요' 라고 했다. 매장을 수작업으로 하던 때였다. 그만큼 구틀이는 이웃 일도 자기 일처럼 했다.

한때 그는 듬바우골 정법사 개사 당시 10여 년 동안, 그 절에서 일한 적이 있었다. 신도들이 재를 올리고 남은 떡을 우리 어머니와 마을 사람들에게 일일이 갖다 주기도 했단다.

진고개 숲속에 호랑이가 나와 사람을 기다렸다는 이야기가 전해질 만큼 먹을 게 귀하던 시절이었다.

'싸리골' 에 우리 집이 있었다. 연곡 6번 국도에서 삼산리 싸리골로 들어서 여자 단속곳처럼 능선으로 둘러쳐진 곳이다. '싸리골 학고재' 라 명명한 집이다. 그곳에서 두어 굽이 더 돌며 산줄기를 타고 올라가 '꽃피는 펜션' 을 뒤로하고 마지막 고개 위에 올라서면 현덕사라는 절이 있다.

그는 이 싸리골 집들을 보살피는 수호천사였다. 무슨 일이든 그에게 부탁만 하면 바람처럼 달려와 처리해주는 해결사였다.

그는 더없는 효자였다. 그의 어머니가 무릎이 아파 잘 걸을 수 없게 되자 더 늦기 전에 일본 온천에 휴양 겸 여행을 시켜 드린다고 만사 젖혀놓고 큐슈온천도 다녀왔다. 호사한 그의 어머니는 이렇게 자랑했다.

"지팡이라도 집고 걸을 수 있다면 갔다 와 봐. 좋아."

그 얼마 후였다. 더 걸을 수 없는 그의 어머니를 업고 집밖의 풍광을 구경시키는 모습이 종종 사람들 눈에 띄곤 했다. 불교 신자인 그의 어머니가 사월초파일 절에 가고 싶어 하자 노모를 업고 자동차도 들어가지 못하는 고갯길 현덕사에 가 예불에 참석하였다고 한다. 돌아가는 길에 우리 집엘 들렀다. 그의 등에서 내린 아재가 말했다.

"얘, 나는 일이 하고 싶어 죽겠다."

그때 나는 아재의 그 말이 이해가 되지 않았다. 그 어머니에 그 아들이란 생각이 들었다.

그러구러 그의 어머니가 뒷간 출입이 힘들어 방에 요강을 들여 놓았다. 신문지를 깔고 그 위에 올려놓고 볼 일 보라고 하였지만 번거롭다고 듣지 않았다. 방바닥에 흘리기도 해 서걱거리기까지 했다. 한마디 불평 없이 뒷바라지를 하는 구틀에게 힘들지 않느냐고 물었다.

"살아계신 것만으로도 얼마나 고마운데요."

얽은 얼굴로 씩 웃으며 요강을 비우곤 했다.

어느 날 그가 우리 집 일을 도우러 왔다. 세참 시간, 그가 감자부침 한 장을 벗어놓은 윗도리 주머니에 슬쩍 집어넣는 것이었다. 순간 나는 얼마나 부끄러웠던가. 일을 마치고 가는 길에 두 장을 더 얹어 주었다.

구틀이가 어렸을 때 그의 어머니가 잡화를 떼다가 보따리 장사를 할 때가 있었다. 시골이라 값으로 곡식도 나왔다. 그 보따리를 나누어지고 따라 다녔다. 들로 산으로 소도 먹이러 다녔고 자라면서 품도 많이 팔아 어머니를 도왔다.

그런 착한 마음 때문이었던가. 집안 형편이 나아지고 좋은 짝지를 만나 매양 싱글벙글 했다. 헌 트럭을 한 대 구입하여 몰고 다니며 마을 어른들 짐도 실어주고 장도 봐주었다. 어머니를 태우고 딸기 밭에도, 코스모스 길도, 단풍 곱게 든 진고개에도 풍광명미를 구경시켜드리며 나들이 다니기도 했다. 그런데 그만 교통사고로 황망히 저 세상으로 가고 말았다. 정말 아까운 사람이 갔다. 애연하기 그지없다.

구틀이, 그는 참으로 고운 마음의 소유자였다. '법 없이도 사는 사람'은 바로 그를 두고 한 말이지 싶다. 그의 명복을 빌려고 청솔공원을 찾았다. 곰보얼굴인 자기가 문화재라며 껄껄대던 그가 정녕 그립다.

산골고라리의 한나절

덕평자연휴게소는 먹거리, 볼거리, 즐길 거리가 널려 있다. 야외 정원의 규모나 광장의 설치미술은 능히 대형 미술관 수준이다. 그곳 대해(大海)같은 주차장에서 방향 감각을 상실한 채 산골고라리가 되었다. 늦은 봄 호심(湖心)처럼 맑은 하늘이 노랗도록 허우적거리며 비지땀으로 허물을 벗었다.

석가탄일을 하루 앞둔 음력 4월7일, 산골고라리는 아침 일찍 불심(佛心) 깊은 도반을 따라 나섰다. 강릉을 출발해서 도중에 도반이 챙겨온 도시락을 휴게소의 승용차 안에서 솜사탕 먹듯 비우고, 경기도 평택시 만기사(萬奇寺)에 도착했다. 만기사는 보물 제567호인 고려시대 철조여래좌상이 대웅전에 모셔져 있다. 그 사찰에서 운영하는 봉안당에는 남조선 노동당 초대 부위원장이었던 박헌영과 그의 아들, 만기사 주지를 지낸 원경 스님도 봉안되어 있다.

　부처님오신날 행사를 대비해, 노 신도님들이 점심 공양 준비로 반찬 만들기에 분주했다. 우리도 힘을 보탰다. 저녁 늦게 일을 끝내고 화성에 있는 도반 친구의 사무실로 사용하는 아파트에서 하룻밤을 쉬었다. 다음날 이른 새벽, 근처의 용주사 참배를 마치고 다시 만기사에 도착했을 때에는 참배객이 한 사람도 없었다. 도반과 같이 대웅전 법당 청소를 시작으로 원통전, 삼성각을 두루 청소했다. 송홧가루가 개나리 꽃밭을 이룬 마루는 닦아도 닦아도 노란 황금물결이었다. 청소가 끝날 즈음, 부처님께 올릴 떡과 과일 등 공양물이 도착하고, 신도들도 모여들었다. 나는 과일을 씻고 신도들에게 나누어 줄 리본에 핀을 꽂았다. 뜻깊은 날 작은 힘이라도 보탤 수 있음에 나도 모르게 눈가에 이슬이 맺혔다.

　봉축 행사가 끝났다. 길게 줄을 서서 기다리는 신도들로, 점심 공양도 거른 채 그냥 돌아서고 말았다. 먼 초행길이라 그런지 마치 이국(異國)에 다녀오는 느낌이었다. 두어 시간을 달려 덕평자연휴게소에 도착했다. 휴게소는 먹거리와 아울렛 쇼핑에 힐링까지 각종 가게들로, 백화점 세일 기간처럼 성시를 이루었다. 늦은 점심을 먹고 나오는데, 옷가게를 기웃거리는 도반에게 나는 먼저 나가 있겠다며 밖으로 나왔다.

　그 짬에 화장실을 다녀와야겠다는 생각이 들었다. 평소 휴게소를 들를 때면 나는 늘 화장실을 눈여겨 봐두는 습관이 있다. 휴게소 식당으로 들어갈 때 가깝게 보이던 화장실 표지판이 웬일인지 멀리 보였다. 그러나 좀 전에 잘못 본 눈대중이겠지, 고개를 갸우뚱하면서도 그냥 가서 볼일을 보고 나와 도반의 차를 찾았다. 빨간색 투싼승용차라 쉽게 찾으리라 생각했었는데, 아무리 두리번거려도 보이지 않았다. 주머니를 뒤적거렸으나, 차에 두고 내린 휴대폰이 있을 리 없었다.

앉아서 하는 일은 비교적 잘할 수 있지만 지병인 허리통증으로 걷기는 10미터도 어렵다. 힘겹게 갈팡질팡 어쩔 줄 모르고 헤맸으나, 빨간색 승용차는 끝내 찾을 수가 없었다. 번호판만 들여다보며 찾다 보니, 나중에는 번호판 숫자까지 아리송했다. 주차장 오월 햇볕은 팔월의 용광로다. 땀이 소나기로 흐른다. 허둥지둥 쫓아다니다 보니 축축해진 속옷은 원초적 향기를 풍긴다. 캄캄절벽, 마치 칠흑 밤바다에서 첨벙첨벙 꼴깍대는 형상이었다. 그때 안내 방송이 나왔다.

"여기는 강릉 방면으로 가는 휴게소가 아니고 서울로 가는 휴게소입니다."

'아, 우리가 휴게소를 잘못 찾아 들었구나, 그렇다면 도반도 지금 길을 잘못 들었다고 걱정하고 있겠구나. 길 건너 쪽으로 가야 되는 걸. 그런데 이상하다. 이정표를 보고 분명 우회전했는데. 강릉 방면이 아닌 서울로 올라가는 길로 들어온 모양이네. 아뿔싸!' 생각하면서도 여전히 계속 빨간 차만 찾아다녔다. 지나가던 청년이 휴대폰을 빌려주겠다고 했지만, 도반 전화번호를 외지 못하니 어쩌랴.

얼마나 시간이 흘렀을까. 문득, 조금 전 방송 생각이 났다. 눈썹을 휘날리며 안내소를 찾아 뛰었다. 구슬땀도 아랑곳하지 않고 젖 먹던 힘을 다해 달렸다. 뒤뚱거리던 70kg의 내 덩치는 언제 허리가 아팠냐는 듯 물 찬 제비같이 날았다. 원초적 향기도 문제가 아니었다. 마침내 구세주 같은 방송이 나왔다. 도반도 백짓장이 된 얼굴로 달려와 소리쳤다.

"옷가게에서 금방 나왔는데 아무리 찾아도 없더라. 부처님께 기도하고 점심 잘 먹고 무슨 일이람. 전화 벨소리는 자동차 안에서만 메아리로 울리고. 가슴이 털컥 내려앉았다. 아, 이제 갈 곳은 화장실 밖에 없구나. 그곳에서 쓰러졌나 보다. 급히 화장실로 달려가 벌컥 벌컥 문을 다 열어 제쳤지. 그 중 두 칸이 잠겨 있어 필시 문 걸고 볼일보다…, 청소하는 아주머니를 불러 문까지 열어 봤다. 실종 신고할 참이었는데 방송이 나오더라." 는 것이다.

무려 한 시간 이상 술래잡기로 헤매고 다녔으니, 두 사람의 애간장은 아마도 숯덩이로 변했을 것 같다.

영동고속도로 덕평자연휴게소는 강릉과 인천, 양 방향 통합형으로 존재한다는 걸 처음 알았다. 전국 고속도로 휴게소 연 매출 1위란다. 한 사람은 상행선에서, 또 다른 사람은 하행선 주차장에서 찾아 다녔던 것이다. 방송이 아니었다면 두 사람의 술래잡기는 언제쯤 끝이 났을까. 울고도 싶고 웃고도 싶었으니. 부처님오신 날이 산골고라리의 코미디 드라마 같은 하루였다. 며칠 뒤 같은 경험을 공유한 조카의 말을 듣고 조금 위안이 되었다.

별빛 안은 학고재(鶴皐齋)

　매스컴에서 '행성직렬' 우주 쇼가 있다고 야단이다. 2017년 2월1일, 초승달과 화성, 금성을 한눈에 볼 수 있단다. 실제는 세 개의 행성이 가까워진 것이 아니라, 지구에서 볼 때 같은 방향에 놓인 것처럼 보인다는 것이다. 얼른 저녁을 먹고 학고재 정자 마루에 좌정을 했다. 육안으로도 잘 보였다. 자연의 조화가 참으로 경이롭다. 문득, 길 떠나는 나그네가 되었다.

"엄마, 언니는 왜 죽었어?"
"하느님도 착한 사람을 좋아하기 때문에 언니가 부름을 받고 빨리 하늘나라로 갔단다."
　밤이면 이따금 마당에 나가서 북두칠성을 바라보며, 어느 별이 가장 큰가를 눈물로 가늠해 보시던 어머니께 물어보던 예닐곱 살의 기억이다. 방년, 열여섯에 하늘로 간 언니가 어머니 꿈속에 나타나서 '북두칠성 중 가장 큰 별이 되었어요' 라고 현몽을 했다고 하셨다. 나는 지금도 밤하늘의 별들이 눈에 들어올 때면, 항상 북두칠성을 향해 어느 별이 제일 큰 것인가, 유심히 헤아리며 아린 가슴에 언니를 담는다.

초등학교 3학년, 정월 대보름날이었다. 마을 행사로 어른들을 따라 다리 밟기를 하고 돌아와서, 별들이 총총 빛을 더하는, 휘영청 밝은 달빛 아래 부모님 몰래 숨어서 "우등상 받게 해 주십시오." 달님에게 무릎 꿇고 두 손 모으던 생각에 입 꼬리가 올라간다.

여름날 저녁, 강물에 멱을 감고 난 소녀들은 장광의 너럭바위에 배를 붙이고 쏟아지는 별을 향해 내 별 네 별을 헤며 떠들썩하다가 결국은 "저별은 나의 별…" 하며, 노래로 끝냈다. 돌아오는 논둑길에는 별처럼 보이는 반딧불이가 지천으로 날아다닌다. 우리는 그들을 채집해서 호박꽃 속에 넣고는 꽃잎을 오므려서 풀숲에 감춘다. 별 따기, 별 줍기 놀이다. 벼꽃이 피기 시작할 때쯤이면 무리를 지어 날아다니는 반딧불이가 숨바꼭질하며 절정을 이루어 은하강물처럼 출렁거렸다. 별 세계 속을 걷는 듯했다.

아랫동서가 먼저 시댁에 입주했다. 여학교 절친인 아랫동서의 속 닥임에 나는 그녀의 시숙을 만났다. 신선 같은 선비라 느꼈다. 그로 부터 그는 별과 같은 언어들로 편지를 보내왔다. 빵집에서도 연금술

사처럼 별을 쏟아냈다. 치마폭에 별들을 쓸어 담으며 별빛에 황홀했다. 퍼내도 퍼내도 마르지 않는 별들로 꽉 차 있었다. 온통 하늘이 파란 별들로만 보였다. 고뇌하는 그의 속마음에 반짝이는 별이 되고 싶어졌다.

　세상 물정 모르고, 겁도 없이 층층시하 20대와 30대, 청상고부와 아기별 삼 남매의 생존을 어깨에 짊어진 채 기어가는 그의 짐을 나누어지겠다며 하얀 드레스를 입었다. 한 남자와 한 여자, 아이 둘, 두 청상, 세 조카, 두 칸 셋방살이 한 집에서 아홉 식구가 박작이며 15년을 살다가 분가했다. 그동안 수많은 검은 별들을 하얀 드레스 속에 감추었었다.

　그러구러 전원생활을 그리던 남편은 명예 퇴임 후, 건축한 지 100여 년이 넘었고, 오랫동안 빈집으로 있던 외딴 굴피집인 목조농막을 구입하게 되었다. 울도 담도 없고 산천과 마당의 경계도 없었다. 10여년을 넘게 다듬고 손질하며 정성을 쏟아 '학고재(鶴皐齋)' 라 명명했다. 자연인이 되고 싶다며 퇴임과 동시 통장도 전화기도 없이 살았다.

　부엌과 기역자로 붙어 있던 마구간을 개조한 정자에는 어미 소가 쇠죽을 먹고 있는 모습이 어른거린다. 짚과 콩깍지로 쑨 쇠죽 속에 듬성듬성 보이는 콩을 골라 먹는 어미 소, 뜨거워서 후후 불며 긴 혀를 내두르는 콧등에 입김이 얹혀 있다. 송아지는 어미 소 젖꼭지에 매달려 젖을 빨고, 문틈으로 이를 내다보시는 할아버지의 흐뭇한 표정이 나들이 나온 별빛 속에 정겹다. 안채 마당에 선명하게 그려져 있는 비질 자국은 어머니의 새벽별 보는 정갈함이 배어 있는 환영에 잠긴다.

앞마당에는 등 굽은 소나무가, 뒤곁으로는 구새 먹은 고목 감나무들이 세월의 깊이를 더한다. 과꽃 가득한 꽃밭에서 밀려난 달맞이꽃은 낮게 내려앉은 채송화에게 달빛 꽃화살을 보낸다.
'짠' 하고 방안 구석구석 찾아드는 아침 햇살에 잠에서 깨어나고, 댓잎으로 흘러내리는 빗물소리에 도롱이를 두르고 텃밭으로 나간다. 정자마루, 동산 위로 떠오르는 너그러운 달빛에 그이의 술잔이 그네를 타고, 눈이 시리도록 내리꽂히는 푸른 별빛 아래, 길 떠나는 설렘도 맛본다. 가재가 샘을 트는 여름밤, 앞 도랑 구곡폭포 아래에 호롱불을 밝혀주면 피라미와 버들치들이 달려 나와 유영으로 수를 놓고, 풀벌레가 교향곡을 연주한다. 돼지 멱따는 소리로 노래를 불러도, 목청 높여 부부 싸움해도 반딧불 스치는 창밖에서 두고두고 웃고 빙그레하며 드나드는 별.

별은 이상과 동경의 대상이다. 많은 시인들이 별을 시로 남겼다. 남편도 친구의 아내를 '별' 이라 노래했다. 철도 공무원이었던 죽마고우가 약혼을 앞두고 어느 날 선로에서 한쪽 다리와 팔이 잘리는 사고를 당했다. 그 약혼녀네 집안에서는 극구 반대했지만 그녀는 결혼을 강행했다. 다행히 부부는 산수(傘壽)가 넘도록 해로하고 있다.

그 부인의 숭고한 희생과 봉사에 친구들이 그들의 회갑연을 열어 주었다. 남편이 회갑연에서 그 부인께 한 편의 시를 바쳤다.

　그는 한밤의 별입니다

　그의 빛은 무지개의 영혼이고
　하늘은 그의 우주를 품은 가슴이며
　고요는 그의 아름다운 춤사위 입니다.
　길 잃은 길손의 반려 · 伴侶는
　이 땅에 꽃 등불 밝히는 일
　참사랑은 천상 · 天上에
　만다라 꽃길을 내는 일입니다

　잊혀질까
　그마음 그립니다.

별빛 안은 학고재는 하늘을 하얗게 물들이는 박꽃으로 핀다. 그곳에서 별빛처럼 곱게 익어가는 저녁노을이고 싶다.

무순이

　재당질녀 결혼식장에서다. 웬 젊은이가 인사를 하며 붙잡는다. 자기가 무순이 동생 정훈이란다. 그제야 옛 생각이 나고 반가워 손을 잡고 흔들었다. '아니, 진해에서 강릉까지 축하객으로 오다니.' 재종 오빠가 생전에 그의 엄마와 의남매를 맺었었다. 그런 관계로 내 어머니를 외할머니라 부르며 재종집 보다는 우리집을 더 자주 드나들었었다. 그때 나는 시내에 나가서 학교를 다녔기에 그저 이야기로 전해 들었다. 그리고 생활에 묻혀버렸다. 세월이 흘러 내가 친정에 들르면 어머니는 진해에 가서 산다는 무순이와 정훈이가 그 엄마 산소에 올 때마다 매번 선물을 사 온다고 했다.
　"참 기특하고 착하네. 어머니까지, 정말 친 외가로 생각하나봐."
　나도 한마디 보탰던 기억이 났다. 그는 한사코 안 받으려는 용돈까지 내게 쥐어주는 게 아닌가. 외할머님께 드리는 것이니 대신 받으라는 것이다. 돈이 문제가 아니다. 마음이다. 너무 감격한 나는 눈시울이 뜨거워졌다. 이튿날 그를 만나 내 수필집 두 권을 주었다.

며칠 뒤 한통의 전화가 걸려왔다. 책 잘 받았다며 무순이라고 밝히는 그녀의 목소리는 차분하고 교양 깊은 완숙한 마님 음성이었다. 내가 무순이를 처음 본 것은 60년 전 우리가족이 6·25 피난지에서 십여 년 둥지를 틀었다가 귀향해서다. 그가 초등학교 3·4학년 때인 것 같다. 크고 맑은 눈망울에 능수버들처럼 가냘픈 몸매가 날렵한 한 마리 사슴 같았다. 내 기억에는 어린남동생과 풍쟁이영감 별명을 가진 그녀의 아버지와, 엄마는 길갓집에서 주전자에 술을 담아낸다는 것밖에. 그런데 그가 얼마나 헌신의 삶을 살고 착하고 반듯하게 사람의 도리를 다하며 살아왔는지를 알게 되었고 또 그렇게 살아가고 있다는 사실에 경외심을 자아내게 했다. 전화 속 무순이의 목소리는 계속 이어졌다.

젊은 무순이엄마가 주막에서 술을 담아내니 손님들이 농도 걸었고 작패도 부렸다. 그런 날 저녁이면 의처증이 있는 풍쟁이영감은 무순이엄마의 머리채를 잡았고 주먹질로 온 전신이 피멍으로 물들었다. 동생을 등에 업은 무순이는 머리채를 잡혀서 휘둘리는 엄마가 불쌍해 울며 매달리곤 했다.

얼마 뒤 풍쟁이영감이 세상을 뜨자, 홀로된 무순이엄마를 동네 한 남자가 자기 여자라고 밤마다 들락거렸다. 그 남자 역시도 의심하고 구타하기 시작했다. 무순이와 그 동생 앞에서도 상관 하지 않았다. 그 역시도 소리치고 주먹질하고 머리채를 잡았다. 어린 그들은 무서워 어쩌지 못했다. 시골 마을이고 이웃이다 보니 그 남자의 본처가 수없이 쫓아와서 살림살이를 부수고 심지어는 똥바가지를 들고 와서 퍼붓기도 했다

그러구러 무순이는 초등학교를 졸업하자 엄마의 고향이자 무순이 외삼촌이 있는 김해로 가서 공장에 다니며 야간학교에 입학하게 되었다. 열심히 일해서 받은 월급을 그의 엄마께 편지와 함께 보내곤 했다.

그날도 동네남자는 무순이엄마를 패고 두들기다 머리채를 잡고 벽에 박았다. 결국 뇌진탕으로 마흔 아홉의 굴곡진 삶을 마감하고 말았다. 무순이엄마가 맞아 죽었다고 동네에서는 소문이 자자했지만 혈혈단신이고 죽은 자는 말이 없었다. 동네남자는 서둘러 장례를 치르고 쉬쉬하는 사람들 의심에 민심을 잠재웠다. 지금 같으면 상상도 못할 일이다. 홀로 남게 된 동생은 갈 곳이 없어 친구 집인 이장네 집에 있었다. 그것도 모르고 무순이는 설 쇠라고 월급과 편지를 그녀의 엄마 앞으로 보냈다. 그제야 이장이 그 편지 주소로 엄마의 죽음을 알렸다. 무순이가 한걸음에 달려왔지만 죽은 엄마 흙무덤 앞에서 통곡만 할 뿐이었다. 그때 동생은 초등학교 6학년이었고 무순이는 스물두 살이었다. 그길로 15일간 이장 집에서 머무르던 동생을 김해로 데려가서 외삼촌께 1년만 맡아 달라했다. 얼마동안은 인정

많은 고모님이 키워주기도 했다. 무순이외삼촌은

"너도 결혼할 나이인데 너 먼저 자립하고 동생을 돌보고 뒷바라지 하도록 해라."

"아니에요. 그러면 이 아이는 못쓰게 되고 타락 할 겁니다."

무순이는 어머니가 마지막 숙제로 어린동생을 내게 맡기셨구나! 생각하고, 자신이 동생을 키워야 된다고 굳게 다짐했다. 돈을 모아 월세단칸방을 얻어 동생을 중학교에 입학시켰다. 오로지 동생을 가르쳐서 직장을 잡을 때까지는 결혼도 포기하고 동생 뒷바라지에 전념해야 되겠다는 생각뿐이었다. 다행히 동생은 공부를 잘해서 중학교 한학기만 교납금을 부담하고 대학까지 모두 장학금으로 학교를 마치고 고등학교 교사로 임하고 있다.

그런데 내가 더 놀란 것은 그 동생이 이부(異父)동생이었다는 사실이다. 김해에서 무순이와 위로 오빠 둘을 둔 무순이 친아버지가 사업실패로 세상을 뜨자, 무순이 숙부께서 토지와 재산을 모두 팔아서 야반도주해버렸으니 집안이 풍비박산되었다. 젊은 무순이엄마가 홀로되어 살고자 속초로 왔다가 어떤 이의 소개로 우리 마을 풍쟁이영감과 재혼을 하면서 11살 큰오빠는 이웃동네로, 아홉 살 작은오빠는 자식 없는 김해 고모님 댁으로 보내져 고모님과 함께 살았다. 무순이 일곱 살, 2년 뒤 동생이 태어나 아홉 살 차이였다. 이젠 친오빠 두 분도 세상을 하직하고 세상에 단 둘 뿐인 무순이 남매, 엄마 산소에 들를 때마다 동네 남자에게도 술 한 잔 부어 올린다. 그래도 엄마를 묻어 주었다는 생각에. 그리고 그 부인 행동이 지나치긴 했지만 이해되고 이유가 있어서 그랬을 거라 생각한다고. 어머니가 사시던 시대적 사회적 어쩔 수 없었던 모순이었겠지요. 계속 무순이는 나직하고 차분한 목소리로 이야기를 이어간다.

"외할머니 같은 인품을 가진 분은 우리 면을 다 털어도 없을 거예요. 언니 들으란 말 아니고요, 어릴 적부터 외할머니를 보아오면서 느낀 감정이어요. 어머니가 말씀하시길 외할머니한테 가면 누룽지 삶은 물만 먹어도 배가 부르고 맘이 편하다고 하셨어요. 우리가 방문할 때마다 싸주시던 외할머니 고추장맛, 잊을 수가 없어요."

내가 물었다. 이부동생인데 밉지 않더냐고, 무순이는 펄쩍 뛰면서, "걔가 뭔 죄가 있나요. 그 아이도 힘들었겠지요." 이제는 동생이 아니라 자식이라 느껴진다고. 그때 동생을 작은오빠께 부탁하고 싶었지만 자신은 어머니 사랑을 받고 자랐지만 작은오빠는 그렇지 못했으니 부탁할 수 없었다고.

"언니, 어머니 돌아가셨을 때는 울 수도 없었어요. 오직 어린 동생을 데리고 살아야만 된다는 생각뿐이었고 제게 주어진 의무라고 생각했었어요. 지금 생각해보면 뭔가 다 인연이 있어서였겠지요."

결혼을 포기했던 무순이도 동생이 고등학교 2학년 때, 좋은 사람을 만났다. 그러나 "동생을 지켜야 된다. 같이 살아야 한다."고 이야기하고 결혼식을 올렸다. 남편은 전기기술자로 일을 하고, 무순이도 함께 열심히 살아온 결과 남편은 큰 전업사를 운영하는 자영업을 하고 무순이는 2008년부터 요양보호사로 일하고 있다.

그가 돌보는 환자들은 대체로 의식이 없거나 중증환자들이다. 그의 엄마를 떠올리며 잠시도 환자 곁을 떠나지 않고 환자에게 집중한다. 책을 읽어주거나 이야기를 들려주며 환자와 눈을 맞춘다. 의식은 없어도 다 알아 듣고 표정이 바뀐다. 환자를 맡으면 그 환자가 퇴원하거나 하늘 길로 배웅하고서야만 귀가하니 몇 달이 걸릴 때도 있다. 그동안 집안일은 남편이 알아서 잘 처리해준다.

동생이 결혼할 때,

"누님이 있어 오늘 제가 있는 것입니다."

라는 동생의 말을 듣고 왈칵 눈물이 쏟아졌다. 무순이의 눈물겨웠던 고달픔을 알아주며 엄마처럼 여기고 따라주니 오히려 고마워한다. 지금도 된장국이라도 나누어 먹으며 의지하고 살아간다. 동생은 머리가 좋은 것 같고. 그 아이들도 영재 교육을 받고 있다며 전화를 끊었다.

내가 생각하기에도 동생도 무순이도 환경에 구애받지 않고, 아주 반듯하게 자랐다. 세상에 이런 사람도 있구나 싶어 너무도 고맙고 눈물이 났다.

스물두 살, 울 수 없었던 무순이는 아픔을 자기긍정의 힘으로 승화시켜 일흔네 살 환자들의 수호천사로 보살행을 닦으며 선인(仙人)의 삶을 살아가고 있나니….

서른한 명의 제관

오늘은 친정 부모님 기일이다.

선대(先代)의 제사를 모시는 올케의 짐을 덜어주고자 차남인 작은 동생의 발의로 부모님 두 분 합제사로 모신다. 윗대 5대도 양위(兩位)분으로 모신다. 처음에는 어떻게 부모님을…. 섭섭했지만 내가 모시는 것도 아니고 시대의 추세라 생각했다. 올해는 마침 어버이날이어서 우리 사남매와 그 자손들이 모였다. 큰동생은 대를 잇기 위해 딸 넷 두고 막내로 아들을 얻었는데 그 장손이 어린이집에 다닌다. 왁자지껄 사람 사는 냄새가 난다. 네 살 장손에서 일흔일곱 살 할미까지 3대 제관 서른한 명이다.

해마다 그랬듯이 축문 뒤에는 부모님께 보내는 내 편지가 낭송된다. 올해의 제목은 '외상공부'다. 6·25 피난지 안동에서 둥지를 틀고 안동김씨 종토를 빌려서 원예 농사를 짓던 아버지는 교장선생님을 찾아가 '밭에 수박과 참외를 잔뜩 심어 놓았으니 다섯 달만 딸을 외상 공부시켜 달라' 고 애원했다. 그 후 귀향하면서도 내 전입학금은 조상 답(畓)을 문중에 들여 놓는 조건(변제를 못할시)으로 장리쌀을 빌려 충당했었다. 자식들 공부 뒷바라지에 불광불급(不狂不及), 살신성인(殺身成仁)이셨던 아버지의 덕으로 우리 3남매 공무원연금수급자가 되었음을 추모하는 내용이다. 아버지는 푸른 계절로 이어지려는 때 효도 한번 못 받고 주무시듯 세상을 하직하셨다. 듣는 제관들에게 지적 냉정함과 감성적 따뜻함이 베어났으면 하는 마음으로 읽어 내려가던 내 스스로 목이 메었다.

  몇 해 전 일이다. 어느 지인은 남편의 제사와 설, 추석, 차례를 산소에서만 지낸다 했다. 또 다른 지인도 추석 전날 산소에서 성묘만 하고 추석날은 형제들이 호텔에 모여서 휴식을 취하거나 여행을 간다 했다. 그 이야기를 듣는 순간 나는 속으로 어떻게…, 했었다. 모두들 저녁, 합제사로 지낸다 할 때도 이해가 되지 않았다. 그러나 지금은 친정도 우리 집도 저녁에 합제사로 모신다. 시대의 흐름에 따라 간소화하려는 마음이기도 하지만 무거운 놋제기를 다룰 내 기력도 소진되었고, 또한 후대의 짐을 덜어주겠다는 생각이기도 하다. 거금을 들여 멀리 흩어져있던 조상님들을 한곳으로 모셔와 정성들여 다듬고 가꾸어 놓은 공원 같은 납골묘의 벌초도 걱정이다. 몇 년 사이 제례 문화가 급속도로 변하고 있다. 앞으로 십여 년 후면 제사라는 용어도 잊힐지 모른다. 유교 문화에 젖어있던 우리는 상례와 제례 문화에 엄격했었다. 조상과 집안의 어른이 구심점이었던 생활이 아이들 중심으로 변했다. 예전 같으면 생각지도 못했을 예의범절들이 지금은 아무렇지 않게 행해지고 있다.

  인간도 자연의 한 일원이라 생각하면 제사를 지내지 않는 것이 무슨 상관이랴. 공자의 나라 중국도 제사 문화가 없다고 한다. 불교에서 조상께 올리는 천도제도, 49제도 석가모니의 경전에는 없다 한다. 그래도 근본은 지키면서 살아가야 되지 않을까.

  제의식이 끝나고 왁자지껄 해지면서 서른다섯 살 장조카가 벌떡 일어나 손뼉으로 제관들을 잠재우고 큰소리친다. "특히 할머니 제사는 제가 잘 지낼게요. 할머니가 저를 얼마나 사랑했는지 알고 있어요." 서른한 명의 제관들 박수로 화답한다. 친정 장조카의 말이 진정 고맙다.

오, 하늘이시여

전화벨이 요란하다.

1990년 시월 스무나흘날 밤 열 시가 지나서다.

"작은 엄마 빨리 와 보세요. 어서요." 작은조카의 다급한 목소리가 귓전을 때린다. 숨넘어가는 소리다. 우리 내외는 허둥지둥 차를 몰았다. 아파트 문을 열자 확 풍기는 피비린내, 방바닥은 피로 흥건히 젖어있고 큰조카가 쓰러져 있다. 맏동서인 형님과 막내조카는 혼비백산해 태풍에 후박 나뭇잎 떨 듯하고 있다. 급히 119를 불렀다. 들것에 실려 나가는 의식 없는 큰조카의 한쪽 팔이 힘없이 덜렁거렸다. 가슴에 한줄기 회오리바람이 지나갔다.

병원 복도에 들어서던 형님이 기절해 쓰러졌다. 형님은 청각·정신 2급 장애자다. 큰조카와 나란히 응급실 침대에 뉘었다. 자정이 넘은 밤이라 어렵게 어렵게 청심환을 구해 먹였다. 퇴근했던 의사가 황급히 달려왔다. 의사는 큰조카 머리에서 흐르는 피를 응급처치하면서 서울 큰 병원에 가란다. 깨어나도 반신불수가 될 확률이 높고 후회할지도 모른다고도 했다. 남편은 의사 앞에 무릎을 꿇었다.

"선생님 제가 이 아이를 어려서부터 돌봐 왔습니다. 마지막 소임을 다할 수 있게 해 주십시오. 이 상태로는 대관령을 못 넘을 것 같습니다. 어쨌든 수술만 해주십시오." 애걸복걸했다. 2시간 동안 끈질기게, 석고대죄 하는 사람처럼, 응급실 바닥에 구멍이 날 정도로 꼼짝도 않고, 나도 같이 매달렸다. 새벽 4시, 드디어 의사의 허락이 떨어졌다. 10시간의 긴 수술이었다. 함몰된 두개골에서 뼈 조각을 찾아내고 봉합하는 수술이었다.

당시 막내조카는 우울증을 앓고 있었고 입원과 통원치료를 반복하고 있었다. 저녁을 먹고 난 뒤 아이스크림이 먹고 싶다는 두 조카의 주문에 형님이 얼른 몇 개 사왔단다. 셋이서 맛있게 먹던 중 두 조카의 가벼운 말다툼이 시작되었다. 당시 큰조카는 사설우체국에 비정규직으로 근무하고 있었는데 상사(上司)와 의견 충돌이 있어 실직된 상황이었다. 동생은 그것이 불만이었고, 평소 큰조카가 가정에 소홀했던 점을 막내가 지적하면서다. 흥분한 막내가 갑자기 망치를 들고 와서 고개를 숙이고 먹고 있는 제 형의 정수리를 내려친 것이다.

천만다행으로 큰조카가 깨어났다. 기적이다. 수술 후 깨어난 큰조카의 절망과 비애감은 말로 표현할 수 없었으리라. 한순간에 불구의 몸이 되었다는 허탈감에 온 병원이 떠나가게 포효했다. 그 동생은 물론 형님까지 그의 앞에 얼씬도 못하게 했다. 그렇게 한 달여 동안 울부짖던 큰조카가 정신을 차렸는지 좀 잦아들기 시작했다.

　입원실로 기자들이 찾아왔다. 존속상해 의심을 하고 가족을 조사하겠다는 것이다. 이번에는 그 변명을 하느라 무진 애를 쓰고 거짓말을 했다. 높은 나무에서 떨어지면서 뾰족한 그루터기에 머리부터 박혀서 그랬다고 입을 모으자고 했다. 하지만 병원에서도 믿지 않으려 했다. 마침 원무과에 큰조카 동기생이 있어 그에게 매달렸다. 그의 도움으로 겨우 의료 혜택까지 받을 수 있었다. 그렇지만 나는 오랫동안 자책했다.

　그때의 그 일은 정말로 상상하기도 싫다. 피 말리는 일이기도 했다. 그 후 큰조카는 결혼을 약속했던 여자와도 헤어진 채로, 평생을 말도 어둔한 지체장애자가 되어 국가의 보호를 받으며 홀로 살았다.

　우리는 결혼하면서부터 전셋집에서 형님네와 같이 살았다. 살림을 꾸려가는 것도 조카들을 돌보는 것도 20여 년이 넘다보니, 인내의 한계점에 도달했다고 생각되었다. 그사이 내가 어렵게 장만한 열세평 아파트에 형님네를 들어가 살게 하고 분가했다. 그리고 반장의 확인서를 받고 모든 서류를 준비하여 주민 센터에 신청한 결과 91년 1월부터 형님네는 기초생활수급자가 되었다.

　큰조카가 93년 6월 중국으로 갔다. 반신불수가 된 큰조카가 빈둥거리며 양·한방병원을 드나들더니 어떤 중국인을 만나 중국으로 간다고 몸부림쳤다. 외국에 간다는 건 언감생심 엄두도 못 낼 형편이었지만 중국의 침술로 고칠 수 있다는 꼬임에 부쩍 따라가겠다고 광기를 부렸다. 시달림에 할 수 없이 3년 약정으로 300만원 대출을 받아 보냈다. 두 달 후, 거지꼴이 되어 나타났다. 입국여비를 빌려서, 그 빌려준 중국인과 함께 왔다. 기가 막혔다. 그래도 어쩌겠나! 돌볼 사람은……. 그 5년 뒤 기초생활수급자들 영구임대아파트가 생겨 입주혜택을 받았다. 전셋집으로 전전하던 우리는 내 집으로 들어가 살게 되었고 생활비도 절약되었다. 형님네가 영구임대주택으로 입주하고 얼마 안 되어 작은조카가 세상을 버렸다. 그는 고등학교를 5년 만에 졸업하고 약물을 먹는 등 전부터 자살소동도 몇 차례나 벌여 우리 내외를 뜀박질 시켰다. 어려서부터 아버지 없는 아이들이라고 시어머님은 애면글면 치마폭에서만 키웠다. 넉넉지 못한 형편이었지만 조카들에게만은 유독 남부럽지 않을 정도로 보살펴 주셨다. 그래서인지 자립심이 없고 오직 우리에게만 의지했다. 때론 내 마음 뜰에 검정숯덩이가 바위처럼 내려앉을 때면 친정어머니 말씀을 떠올렸다.

"넌 조카들을 네 아들로 생각하고 돌봐야 한다. 네가 낳은 네 아들로."

그랬다. 저 애들이 내 아들이면! 소원(疏遠)해 지려는 내 마음 다잡으면. 연민이 느껴진다.

30여 년 전, 남편의 퇴직금과 빚으로 보태 어렵게 마련한 조립식 건물을 딸에게 상속해 9년 소유하다가 팔았다. 세금을 47%냈다. 억

울한 마음을 금할 수 없었다. 돌이켜 생각해보니 기초생활수급자가 된 형님네가 국민 세금으로 장장 30년을 살아가고 있지 않은가. 형님네가 받은 혜택의 대가라 생각하고 마음을 달랬다. 아팠던 마음이 평온해진다.

  오! 하늘이시여, 부디 우리 형님네를, 더는 시련 없이 좋은 날들로 이어지게 하소서.

3부

맥질의 숨결

맥질의 숨결
돼지대가리와 시제(時祭)
그
별이 되었으리라
막냇동생 끝순이
문학비를 세워드리고 싶다
무지갯빛 거짓말
미소를 머금다

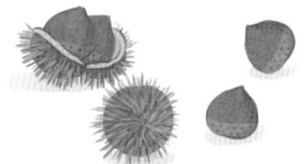

맥질의 숨결

눈꽃을 머리에 인 매화가 달빛 묻은 향기를 풍길 때쯤이면, 백 살을 넘긴 '학고재(鶴皐齋)' 오두막은 복숭앗빛 무명치마저고리로 갈아입었다. 뜨락과 부뚜막, 굴뚝도 연노랑 자미사 두루마기 한 벌씩을 더해 입었다. 군데군데 기운 자국에도 주인 네 수고에 보답이라도 하려는가, 뽀얀 박가분 향내를 풍기며 우아한 자태를 뽐냈다. 그 속에 해대기(갓난아이)의 까르르 웃음소리가 들려온다.

어머니는 부뚜막 이맛돌을 뽀얗게 분칠해 주는 걸로 설거지를 마무리하셨다. 끼니때마다 빈 아궁이 속에 감춰 두었던 이 빠진 옹자배기의 진흙물로 그리 치장하셨다. 막내 고모가 시집을 갈 때도 "사람 집에는 뒷간이 깨끗해야 한다." 며 정낭 흙벽에 고운 흙물을 입히며 선량한 웃음을 복사꽃처럼 날리시던 어머니였다.

세 살배기 아이가 되어 버린 증조할아버지는 온통 변으로 벽에 풍경화를 그리셨다. 그림 속 물컹한 원초적 향기가 온 방안을 적셨다. 할머니는 증조할아버지의 명주고름 같은 남자를 이리저리 돌리며 씻기고 자리도 걷어냈다. 방바닥을 호미로 파내 그 위에 진흙을 덧바르고 흙질까지 하시던 할머니, 끝내 시아버지를 부여잡고 울음을 터트리기도 했다.

내가 10대 후반, 가을철 알곡을 털 때면 집집이 마당 흙질을 했다. 결 고운 진흙으로 분단장된 마당은 스무 살 새색시 얼굴을 닮았다. 반지르르한 마당은 알곡에 모래 알갱이가 들어가지 않기 때문이다. 내가 밖에서 놀 수 있는 핑곗거리 중 하나는 그런 매흙을 파오는 일이었다. 동네 언니들과 개골창 절벽 위, 매흙 구덩이를 찾아 대추알이나 밤싸라기를 입속에 넣고 오도독거리며 "누구누구는 연애를 하네, 짝사랑을 하네." 한나절 수다를 떨다 흙 대야를 이고 집에 들어서면 늦게 왔다고 혼나 팔짝팔짝 뛰어 달아나기도 했다.

60년대 초까지 우리 집엔 고콜이 있었다. 고콜과 관솔이 사랑을 꽃피우던 시절, 일 년에 두어 번 연중행사로 진흙물 꽃단장이 이루어졌다. 관솔불에서 나오는 그을음 때문이었다. 섣달 그믐께쯤 우리 집 여인네들은 설맞이로 온 집 안의 자리를 모두 걷어내 빨랫줄에 걸어 놓고 콧바람을 쏘였다. 식구들의 엉덩이를 받들어 주었다는 고마움의 표시로 살랑대는 회초리 입맞춤이었던가. 자리들이 햇볕을 받으며 오수를 즐기는 동안, 벽과 방바닥은 노릇한 능소홧빛 진흙물로 뒤덮였다. 잠에서 깬 자리들이 살포시 내려와 제자리로 돌아오면 상큼한 웃음을 식구들에게 선사해주곤 했다.

1970년 열매달, 나의 첫 부임지는 탄광촌이었다. 순백의 올망졸망한 눈망울 앞에 섰다. 여름 장맛비가 흘러내린 교실 벽은 온통 까치버섯밭이었다. 마음까지 우중충했다. 순간, 어머니가 하시던 매흙질 모습이 번갯불처럼 뇌리를 스쳤다. 학교 창고에서 횟가루 포대를 찾았을 때는 가슴 가득 푸른 물결이 넘실거렸다.

어느 일요일, 책상을 두세 층씩 올리며 사면(四面) 벽을 칠했다. 마른 뒤에 보니 걸레가 쓸고 간 자리들이 팔매선을 그리며 너울너울 파도를 타고 있었다. 그래도 까치버섯밭보다야. 마음까지 날아갈 듯 맑아오는 시골고라리(어리석고 고집 센 시골 사람을 놀림조로 이르는 말)였다. 얼마 뒤 흙질도 귀얄로 할 수 있다는 것을 알게 되었다. 마룻바닥도 아이들과 함께 짚수세미로 때를 벗겨내고 치잣물을 먹여주니 수선화 꽃밭이 되고, 그 위에 양초칠 덧옷을 입히니 어느새 미끄럼틀이 되었다. 동화 나라 놀이터인 듯 아이들의 재잘거림이 교실에 넘쳐났다.

2000년, 명예퇴임 후, 평소 전원생활을 그리던 남편을 따라 시골생활을 시작했다. 먼저 명예퇴임한 그가 수없이 발품을 팔다가 지은 지 100여 년이 넘었고, 오랫동안 빈집으로 있던, 외딴 굴피집 목조 농막을 구입했다. 울도 담도 없고 산천과 마당의 경계도 없었다. 처음에 '싸리골 산방'이라 명명했다. 남편은 자연인이 되고 싶다고 퇴임과 동시 통장도 전화기도 없이 살았다.

안채 구들을 뜯고 다시 놓았다. 방고래를 다섯으로 잡아 고를 세우고 구들장을 덮어 그 사이사이에 진흙을 초벽하듯 쳐서 구멍을 메웠다. 그 진흙이 구들장과 한 몸의 옹기처럼 돌이 되도록 일주일 동안 한 트럭분의 장작이 제 몸을 태워 방안을 달구었다. 다 마른 애벌 구들바닥 위에 자갈돌을 두툼히 깔고 그 위에 마른 흙을 두껍게 덮었다. 흙은 뜨거운 불기운에도 자리가 눋거나 타지 않는다. 그 위에 짚을 넣고 이겨놓은 진흙을 흙손으로 고르게 펴 발랐다. 그리고는 다 마를 때까지 2차로 옹기가마 불 지피듯 불을 땠다.

방바닥 진흙은 마르면서 굴피나무껍질처럼 된다. 갈라진 바닥 사이에 국숫발 모양의 흙 반죽을 밀어 넣고 애벌 흙질을 했다. 마지막 광목천을 깔고 그 위에 진한 흙물과 엷은 흙물을 번갈아가며 꼼꼼히 몇 번이고 덧입혀 갈라진 틈을 메웠다. 틈이 생기면 연기가 올라오기 때문이다. 구부정해진 내 허리뼈가 반듯해지고 마음의 상처들도 걷히고 메워지는 느낌이었다.

굴뚝 쪽엔 불기운을 빨아들이고 연기를 머무르게 하는 개자리도 깊게 파서 바람막이 턱도 알맞게 만들었다. 그렇게 완성된 구들은 한겨울 설한풍에도 한 번 데우면 4-5일은 지속되었다. 요즘 보기 드문 명품 구들이었다.

뜨락도 진흙덩이와 산돌을 적당히 배열하고 그 틈 사이를 다듬어 흙물로 바르고 손가락으로 보기 좋게 무늬를 그리고 골을 지어 모양을 내었다. 처마의 서까래 사이사이에도 백토 청매화물을 들이면 나비들이 나풀나풀 춤을 추는 듯했다.

닥종이로 바른 사랑채 천장을 뜯자, 두어 삼태기의 쥐똥이 쏟아져 내렸다. 밤마다 쥐들이 달리기 경쟁을 하며 보금자리를 틀었나 보다. 고미 천장 사이사이로 이번엔 황토 진흙을 올려붙이고 흙질을 했다. 팔을 타고 흘러내린 황톳물에 속내의까지 벌겋게 물들었다. 벽 구석에는 그 옛날의 고콜도 만들어 홍매화물로 덮으니, 할머니의 붉은 웃음소리가 온 방안을 뒤덮는 듯했다.

옛집의 벽이라 무척이나 얇았다. 추위에 견디기 위해 내벽에 기둥을 덧대 외(椳)를 덧붙여 얽어매고 진흙을 쳐 붙였다. 그 사이에 군데군데 괴목을 끼워 넣어 분위기를 냈다. 벽면도 바늘구멍만한 틈조차 허용하지 않을 정도로 흙질을 하고 마지막으로 밀가루풀을 섞어 덧발라서 마무리했다. 비로소 흙가루가 떨어지지 않고 벽면이 반들거렸다. 우리는 10년 넘게 정성을 쏟아 다듬고 손질하며 다시 '싸리골 학고재'란 명명으로 바꾸었다.

이제 어머니의 뜰을 거닐어 보련다. 두어 해에 한 번씩 방바닥에 흙질을 한다. 흙먼지가 올라올까, 연습한 서예 한지를 바르고 그 위에 대자리를 깔았다. 군불 때는 헛부엌도 어머니처럼 부지런히 매만지며 돌아본다. 은근하면서도 뽀얀 부뚜막이 미소를 머금고 내게로 다가온다. 먹물과 들기름 먹여 햇볕에 절인, 반들반들한 가마솥과 쌍무쇠솥도 말이다. 달콤한 메주콩도 구수한 시래기도 가마솥에 보글보글 삶아보지만, 어머니의 손맛을 흉내내기는 좀처럼 쉽지 않다.

요즈음 시내는 지저분한 조립식 건물 외벽을 하얀 골판지 같은 사이딩으로 붙이는 작업이 한창이다. 한 줄씩 위로 이어 붙이는 모습에서 맥질을 연상케 한다. 눈꽃같이 새하얀 벽으로 변해가는 모습은 얼핏 보는 이의 마음을 푸르게 한다. 그러나 그건 겉으로만 보이는 모습일 뿐, 깊고 은은한 맛이 없다. 겉멋이고 되바라진 색이며 이방인의 색이다.

흙은 더럽혀도 화내지 않고 포용력이 있으며 자정의 힘이 있다. 맥질은 너저분한 흠을 덮어주고 깨끗하고 아름답게 한다. 현대인들도 피폐되고 상처 난 아픔들을 마음의 맥질로 정화해 보면 어떨까.

고려청자와 조선백자는 흙으로 빚은 신비의 작품이다. 맥질 또한 흙으로 하는 작업이다. 살아 숨 쉬는 자연이며, 그 자체의 황토색이다. 청화백자색이 그렇듯이, 황토색도 우리 겨레의 전통이며 맥을 잇는 색이다. 영원한 어머니의 색이다. 어머니 냄새가 풍기듯 정겹다. 깊고 은은한 흙냄새, 순박함과 질박함이 그 멋이고 맛이다.

맥질은 어머니의 얼굴 같은 애잔함과 구수함이 서려 있다. 할머니의 숨결이 흐르고 애틋한 그리움이다. 맥질한 황토벽에는 추억의 오솔길이 어렴풋하고 흙함지를 이고 가는 한 소녀가 있다.

돼지대가리와 시제(時祭)

막냇동생이 6톤 고압 살수차를 새로 구입했다. 차 고사를 지낸다고 연락이 왔다. 딸아이와 함께 팥 시루떡을 시루째 들고 갔다. 형제들과 사업체 사람들이 꽤나 모였다. 스님이 된 제부 친구도 오셨다. 그 스님 집도(執道)로 액운은 사라지고 사업이 무궁번창하며 풍요와 행운이 깃들도록 모두가 기원해 준다. 제상위에서 돼지머리가 중생들의 고뇌를 복스러운 웃음으로 퍼 붓는다. 순간, 내 기억은 공중 부양하여 60여 년 전으로 달려, 벅적이는 시골 친정집 부엌에 도착한다.

내 사춘기 시절, 홍 씨 집안 시제 때 일이다. 십 수 년 둥지를 틀었던 피난지 안동에서 귀향하여 할머니가 차리던 시제를 아버지가 맡아 처음 치르는 행사였다.

아버지는 시제를 정성껏 잘 차리고 싶어 하셨다. 우릿간의 돼지를 불러내 머리통을 제물로 흠향케 했고, 몸통은 온 동네 사람들에게 공양케 한다. 연로해서 병약해진 어른께는 새빨간 선지피를 보시(布施)케 하고 창자는 파골집(순대)으로 변신케 한다.

파골집은 재당숙이 잘 만든다. 돼지창자를 유리알처럼 세척한 다음에 뭉뚝하게 잘린 소주됫병 목을 깔때기 대용으로 삼아 창자를 끼운다. 미리 장만해 둔 소를 적당한 크기의 막대기로 수없이 밀어 넣으면 뱀 모양의 파골집이 되어 꿈틀거린다.

돼지머리 삶기는 어머니 몫이다. 연못 같은 가마솥에서 장작불로 열탕욕을 시킨다. 많은 일들을 맑은 못에 달그림자로 두름성 있게 잘 처리하던 어머니지만, 이것저것 챙기다가 그만 시간을 놓쳐 버렸다. 홍시같은 돼지머리를 앞에 놓고, 어머니의 얼굴은 한겨울밤 순백의 눈발로 덮여간다. 천둥벼락으로 다가올 아버지의 성품을 알기 때문이다.

이윽고 재당숙이 나선다.

"형수는 가만히 있으소. 이 일은 내가 한 거유. 행~님이 내게야 뭐라 카겠소."

읍내 장에 나갔던 아버지는 억장이 무너진 듯 털썩 주저앉는다. 사천왕상(四天王像) 표정이 되어 일어나면서 분풀이하듯 돼지대갈통에 주먹질이다. 그래도 분이 풀리지 않은듯 두 손으로 박피하듯, 쓱쓱 비비고는 방으로 휑하니 들어가 나오지 않는다. 돼지머리로 위상과 체면을 지키려던 아버지의 자존심이 여지없이 무너진 낭패감을 어찌 가늠하리. 흐무러진 돼지얼굴은 주먹질, 비빔질까지 당했으니,

이제 제상에 오르긴 글렀다. 모두들 한숨만 쉬고 있는데, 재당숙이 그 뭉그러진 돼지면상을 짜 맞추기 시작한다. 그야말로 혼신의 힘을 다해 꿰매기를, 얼마나 지났을까. 얼추 그럴싸하게 맞춰진 돼지몰골은 제법 귀도 쫑긋 코도 반듯해졌다. 돼지 입에서는 아스라이 판소리가 나는 듯이 눈웃음 짓는다.

홍 씨네 시제! 온 집안을 공포의 도가니로 몰아넣었던 돼지대가리는 제관들 입 안 가득 사르르~, 여기저기서 칭찬의 참꽃(진달래)다발을 지게 가득 담아 보내왔다.

시제에는 뭐니 뭐니 해도 떡이 최고의 제물이었다. 떡을 높이 괴는 것이 가문의 위상이고 자랑이던 시절이었다. 떡 쌀은 한 가마니가 보통이었다. 온 집안 아낙네들이 모여 디딜방아로 빻았고, 쌀가루에 끓는 물 고수레를 한 다음 주물락 반죽으로 꽉꽉 쥐어 주먹 크기의 떡밥을 만들었다. 무쇠 솥에 떡시루를 얹고 시룻방석을 놓아 시룻번을 바른 다음 떡밥을 쪄내는데 송이 떡이라 불렀다. 나는 막 쪄낸 그 송이 떡이 먹고 싶어 껄떡거렸으나 부정 탄다고 얼씬도 못하게 했다. 어머니가 한눈파는 사이 슬쩍 집어 먹던 그 맛은 잊을 수가 없다.

맷방석만한 함지박에 송이 떡을 담고 떡메로 뭉개서 떡밥이 뭉쳐지면, 안반위에 올려놓고 힘센 장정들이 마주 서서 떡메로 내려치며 장단을 맞춘다. 아낙네들은 안반 앞에 앉아서 내려치는 떡메 밑으로 떡밥을 욱여넣는다. 쫀득거리는 떡밥을 한 뭉치씩 떼어내 둥글려

길게 뽑아 절편을 만든다. 뿐만 아니라 제기, 탕기, 면기, 적기, 포기, 채기, 침채기, 식혜기 에도 가득가득 제수들을 담는다.

시제를 지내는 날은 특식으로 메밀국수를 만들어 먹었다. 부뚜막에 걸려있는 소(沼)같은 가마솥, 그 위에 국수틀을 올려놓는다. 솜털같이 반죽된 메밀가루덩이를 그 확 속에 넣고 공이에 힘을 가하면 가랑비 같은 국숫발이 설설 끓는 물속에서 잠수를 타고 가무잡잡한 얼굴의 메밀국수로 환생한다.

50~60년대 시제, 떡 받아먹기는 베개도 한몫이었다. 제의식이 끝나면 각종 제기 음식을 헐어서 음복을 한다. 산소 제절(除節) 앞에 잔칫집 하객처럼 모여든 아래 윗동네 아이들, 학교를 조퇴하고 온 후남이, 결석까지 마다않고 애기를 업은 후불이, 베개를 등에 붙여 싸맨 햇깡이, 따지지 않고 모두 한 몫씩 받아든다. 먼저 받아서 숲속에 감추고 다시 줄을 서는 언년이도 만난다. 동네 시제가 있는 날은 아이들이 모처럼 푸짐하게 간식을 할 수 있어 헤헤거린다. 시제 때만 먹을 수 있는 메밀국수, 연신 맛있다고 잇몸 드러내며 웃음 짓는 작은댁 할머니도 만난다.

이윽고 떡 짐 지고 숨을 몰아쉬며 버거워하던 삼촌도, 제수 함지를 머리에 이고 그 뒤를 따르던 소녀도 만난다. 짜 맞춰진 돼지 얼굴위로 겸연쩍은 아버지 미소도 겹쳐진다.

고사상위에서 싱긋거리는 돼지얼굴과 눈 웃음을 추고 있는데, 올케가 잔을 올리라고 옆구리를 찌른다. 화들짝 놀란 나는 '그저 우리 동생네 밝은 날들로만 이어지게 해주십사' 두 손을 모은다. 고사를 지낸다고 특별하기야 하련마는 마음의 안정이 아니겠는가. 사람은 마음먹기에 달렸다지 않는가.

얼마 전에 한 지인은 시제에 참석하면 왕복 차비에 용돈까지 받는다 했다. 사라져가는 전통 속에 자손들 참석을 독려하고 조상 숭배와 효 의식을 고취시키려는 한 방법이란 생각이 들었다. 우리 집에서 시제를 차렸던 것은 자녀교육에 불광불급(不狂不及)이었던 아버지가 우리 네 남매의 학비조달을 위해 문중 답에 농사를 지은 대가였다.

시제는 만남이다. 시제는 모임이요. 나눔이요. 융합과 우애의 구심점이다. 조상을 흠모하며 그 음덕을 기리고 소통과 대화의 장이며 소원을 기원하는 자리다. 또한 시제는 효의 근본이라 생각한다. 조상이 있으므로 내가 존재함을 새삼 깨닫는다.

그

그는 어린 시절을 외갓집 그늘에서 자랐다. 그의 어머니가 고부갈등으로 시댁에서 뛰쳐나와 그 외갓집이 내어준 전답에 의지해 살아가는 형편이었다. 어쩔 수 없이 따라 나온 그의 아버지는 처가살이의 한을 외방출입과 노름으로 달랬다. 그러다 병을 얻어 집으로 들어온 지 10일 만에 하늘의 별이 되었다. 그의 형이 열다섯 살, 누나가 열 살, 그가 다섯 살, 동생이 세 살이었다. 그는 그의 아버지를 이렇게 회상했다.

아버지

맵게 눈썹달 그리기 전에
한밤이 앗아간 이름

하늘이 어딘지 한번 불러보지 못한 이름
바람에 피를 잇는 뫼밥 앞에서
지는 달 속으로 서리는 이름일 뿐

그래서 내게 해름에 어리는 이름이다.'

　4남매가 그의 홀어머니 밑에서 어렵게 자랐다. 형은 부잣집, 외가에서 아예 상주하며 세상 물정 모르는 청년으로 자랐다. 외가에서 물려받은 넓은 마당과 집, 그리고 축구장 같은 마장, 천여 평의 밭, 모든 일은 그의 어머니와 그 누님, 그리고 그의 몫이었다. 막냇동생은 응석받이로 천방지축이었다. 중·고등학교를 먹으며 굶으며 반은 결석으로 근근 마쳤다.
　그가 군복무를 마칠 무렵 그의 어머니는 모든 걸 팔아 면 소재지에서 음식점을 운영했다. 공부가 더하고 싶은 그는 부산으로 시집간 누님을 찾아갔다. 그런데 그의 누님과 매형도 그 시누이집에서 얹혀 살고 있었다. 그 시누이 남편은 유명세를 타는 검사였다. 그는 그 집 딸의 가정교사가 되었고 동아대학교에 가 입학했다. 그 시절에는 입학금을 내지 않은 상태로도 가 입학이 허용되었다.
　얼마 뒤 그 집에서는 지체 높은 분을 초대했다. 온 집안이 야단법석이었다. 그 사돈 안주인이 그에게 누구냐고 물으면 '일 해주는 사람'이라 대답하라고 했다. 자존심이 상하고 그 누님도 불편할 것 같아 그길로 집으로 돌아와 버렸다.

집으로 돌아온 그에게 그의 형님이 '경찰 시험 지원서'를 들고 와서 시험을 보도록 강요했다. 하지만 그는 경찰직을 달갑지 않게 생각했기에 시험지에 대충 써넣었다. 그런데 그의 형님이 먼저 신문 속 합격자 명단에 올라 있는 그의 이름을 들고 와서 너무도 좋아했다. 무슨 권력이나 쥔 것처럼. 그리하여 그는 1965년 경찰학교 10기생 수료로 강릉 경찰서에서 근무했다. 적성에 맞지 않다 생각하여 울면서 부임했던 직장이었다. 그런 가운데 어떤 사건을 사실대로 보고했다는 이유로 관내에서도 최고 오지인 부연동으로 좌천되었다.

이직을 꿈꾸던 그는 한직에 근무하게 된 것을 기회로, 주근야독(晝勤夜讀)했다. 다시 '내무부 공무원 공개 채용 시험'에 이름을 올렸다. 산 넘고 물 건너 오십 여리를 걸어야만 소식을 전하던 오지(奧地)라 일주일 후, 일이 있어 시내에 나와서야 비로소 그 소식을 알게 되었다. 당시 합격자는 12개 부처 어디든지 자원(自願)근무가 가능했고 세 번의 발령 연기도 할 수 있었다. 그는 힘 있는 자들의 청탁으로 밀려나 마음 두는 곳에 가지 못하고 1, 2차 발령연기를 신청하다가 3차까지 연기하면 무효가 되기에 할 수 없이 2년의 경찰직을 끝내고, 1967년 두 번째 직장인 강릉 우체국에서 근무하게 되었다. 그런데 오랜 병고에 있던 형님이 간암으로 어린 세 조카와 형수 그리고 어머니를 부탁한다는 유언을 남긴 채, 1970년 하늘로 떠났다.

그때 그는 하늘이 무너지는 느낌이었다고 했다. 그로부터 본가를 팔아서 병치레 빚을 정리하니 25만원이 남았다. 그 돈으로 강릉에 전셋집을 얻어서 모두 이주시키고 온 식구들의 생계와 교육의 짐을 어깨에 얹게 되었다. 월급쟁이 주머니가 뻔해 길에서 친지를 만나도 외상이 되는 단골집으로만 안내하는 수밖에 없었다. 월급봉투는 그의 형수를 갖다 주고 막걸리 한 잔도 쉽게 먹을 수 없던 지극히 시린 계절이 계속되었다. 살아오는 내내 지적 갈등을 느껴 대학 입시철만 되면 가슴이 뛴다고 했다. 항상 손에서 책을 놓지 않았고 휴일엔 책 속에 파묻혀 뒹굴었다. 두 번째 직장에서도 마음에 차지 않아 늘 이직을 생각하면서 삼십년을 그러구러 보내고 정년에 앞서 오년을 먼저 명예퇴직으로 직장을 마감했다. 그 후 전원에서 자연인으로 살았다.

별이 되었으리라

"언니, 저 분이 남편이세요?"
"으~응 왜?"
"어머, 언니는 너무 행복하겠어요. 저렇게 훌륭한 분을 남편으로 두셔서….'
"응, 무슨 이야기야. 밑도 끝도 없이. 뭐가 행복하고 또 뭐가 훌륭하다는 거야?"
"예, 우리 남편의 말이었어요. '아, 대한민국에도 이런 공무원이 있다니.' 하던. 바로 그분이 언니 남편이었군요."

H 후배가 지인의 아들 결혼식장에서 그와 내가 이야기하는 모습을 멀리서 바라보고 있다가 하는 말이었다.

1990년 강릉시 포남동 우체국이 신청사로 건축될 때, 그 대지가 공시지가가 아닌 실거래가로 계약 해결되었다. 당시 공기관의 대지

매입은 거의 공시가로 체결하던 게 관행이던 시절이었다. 그 고마움의 표시로 땅주인인 후배 남편이 봉투를 들고 갔는데 그가 되돌려 보냈다는 것이다. 그러기를 세 차례나 핑퐁게임을 했더란다. 그 남자 왈, "정히 그렇다면 우리 직원들 고기나 실컷 먹여 주시오." 해서 직원들이 고기를 포식했다고 그의 직원이 어느 날 자랑삼아 일러줘서 그런 일이 있었구나! 했던 기억이 소환 되는 순간이었다.

  그의 그런 예는 전에도 있었다. 그의 젊은 시절 이야기다. 어떤 큰 여관집에서 전화 한 대에 여러 대를 접속시켜 사용했는데, 몇 번의 시정 연락에도 듣지 않아 그가 직접 가위를 들고 가서 잘라버렸다. 그런데 알고 보니 그 여관집 아들이 서울에서 검사로 있다는 것이었다. 물론 발칵 뒤집혔지만 법대로 했으니 몇 번의 엄포와 트집이 있었지만 곧 잠잠해지더란다. 60년대는 전화기가 부의 상징이기도 하던 시절이었다. 회선이 부족하고 전화 가입이 어려워 사용권을 매매할 때였다. 백색전화와 청색전화가 있었고 백색전화는 고가로 사고 팔던 시절이었다. 특히 사업장에서는 한 전화선에 여러 대의 전화를 접속해서 사용했기 때문에 단속이 심했다.

  70년대 중반쯤이다. 강릉전신전화국 구내식당이 신설되었다. 선정된 식당 아주머니가 쇠고기 한 근쯤 되어 보이는 걸 들고 우리 집으로 찾아왔다. 덥석 받아두고는 퇴근한 그에게 보고했다. 그는 와락 화를 냈다. 이튿날 아침 출근길에 그것을 들고 나가는 그의 등 뒤에 나는 장미꽃화살을 날렸다.

또 한 번은 80년대 중반 동해시 북평에서의 일이다. 집배원 한 분이 근무 중 술을 마시고 산비탈에서 잠을 자다가 행랑(우편물 가방)을 잃어버려 파면을 당하게 되었다. 백방으로 뛰어 찾았고 그 일을 원만히 수습해 주었다. 며칠 뒤 저녁에 그 집배원이 사무직 직원을 동반하고 흰 봉투와 담배 한 보루를 들고 왔다.

"왜 이런걸. 내 월급이 더 많은데. 아이들 학비에 보태세요." 간청에 못 이겨, 결국 담배만 받았다. 얼마 후 직접 농사한 삶은 옥수수 한 봉지를 싸들고 왔다. 그 일이 생각날 때면 지금도 그 봉투 속이 궁금하다.

사무실에서는 E 청장님이 대쪽이란 별명을 지어줘서, 그 후 대쪽이 되었다. 그는 그런 이미지여서 누구든 그에게 청탁을 하지 못했고, 말 붙이기 어려운 사람이라고들 했다.

90년대 중반, 모 방송국 기자는 그 남자가 주관한 행사를 홍보 비슷하게 방영해주고, 그 대가로 기부금을 요구했다. 그 남자는 "그런 예산도 없지만, 방영을 부탁하지도 않았다"며 딱 잘랐다. 얼마 후 그 기자는 우체국내 무슨 잘못된 꼬투리를 잡으려고 사무실 로비에서 일주일이나 상주하다가 그냥 돌아가고 말았다.

그는 학창시절 점심시간이면 물로 배를 채웠다고 한다. 생활전선에선 어머니와 장애인인 형수, 조카들을 셋이나 키우며 셋방살이로 어려운 생활을 했지만 남을 넘보지 않고 자신에게 충실하고 강직하며 합리적 성격의 소유자였다. 아들이 공무원으로 첫 출발할 때도 제일 먼저 청렴을 강조했다.

그는 직장생활 외 틈나는 시간에는 분재와 수석, 낚시를 취미로 했고, 정년에 앞서 오년 먼저 명예퇴직하고는 시골에 오두막을 장만해 시와 서화, 서각의 취미생활로, 바꿔 일상을 보냈다. 작품도 수준급이라 공모전에 출품하라는 주위의 성화에도 "내 좋으면 그만이지 이 나이에 무슨, 들고 왔다 갔다 해" 했다. 내 안에 즐거움으로 소박하게 일상을 보내던 그는 누구보다도 부자로 살았다. 인격을 관리하는 것도 재산 형성이라고 하던 그는 곁불을 모르던 사람이었다. 노후에 거리낌 없는 마음으로 지낼 수 있는 것도 공직기간 나름 깨끗이 생활한 탓이라 했다. 살면서 마음에 걸리는 것 하나가 있다면, 여관집의 전화선 자른 일이라 했다. 돌이켜 생각하면 그렇게까지 하지 않았어도 되지 않았을까 생각된다고 했다.

그러구러 병상에서도 방문객을 거절 했고, 30Kg의 체구를 가지고도 깔끔함을 잃지 않으려 떠나기 전까지 세수와 면도를 거르지 않았다.

"조용히 자연으로 돌아가고 싶다. 폐 끼칠 것 없어. 누구든 왔다 가는 건 정한 이치야." 라며 "장례는 3일까지 갈 것 없고 숨 거두면 바로 화장 처리해 수목장하고, 친척 친지들에게 알리지 말며, 혹여 알고 찾는 내 친구에게는 조의금 받지 마라." 는 유언을 남기며, "그런데 40년 동안 당신에게 진 빚은 어쩌나. 어떻게 하나" 미안함에 눈언저리를 촉촉이 적시던 그였다.

그를 지켜보는 내내 때론 힘들고 아플 때도 있었지만 연꽃같은 그의 정신세계가 존경스럽고 뿌듯했다. 퇴직 후 자연인이 되고 싶다며 통장도 휴대폰도 없이 살다 하늘의 별이 되었다. 그는 별 중에서도 맑은 별이 되었으리라.

막냇동생 끝순이

그는 삼형제 중 막내며느리다.

얼마 전 나는 그의 이웃으로 이사를 했다. 그는 신혼시절부터 그의 시어머니와 40여년 함께 살았다. 새집을 짓고 분가했어도 그 시어머니가 따라 나섰다. 그가 신혼 때인데도 시골에서 근무하던 큰시숙네 아들이 시내의 중학교 진학을 위해 그의 집에 와서 초등학교 5·6학년을 마쳤다. 그의 작은시숙네 아이도 얼마간 와 있었다. 내 직장관계로 우리 아이도 돌봐 주었다.

내가 처음 놀란 것은 마트에서 함께 장을 볼 때다. 장바구니 속에 고급 사탕을 골라 넣는 것이었다. 웬 사탕이냐고 물었더니 시어머니가 좋아하는 간식이라며 챙기고 있었다. 살아가기 팍팍 할 때인데도, 화들짝 나를 돌아보게 했다. 그의 이웃 분들이 나를 만날 때마다 그가 너무 착해 천사 같다며 그 별난 시어머니와 어찌 큰소리 한번

없이 지내는지 모르겠다며 칭찬하던 말이 듣기 좋으라고 하던 말이 아니었구나 하는 생각이 들었다.

그 시어른, 문 열면 화장실인데도 귀찮다고 늘 요강을 사용했다. 신문지를 깔고 그 위에 올려놓고 볼일 보라해도 번거롭다고 듣지 않았다. 방바닥에 흘리기도 해 서걱거리기도 했다. 방청소를 해드리려도 귀찮다 고 해서 노인정이나 병원 가실 때면 모셔드리고 돌아와 대청소를 한 뒤 다시 가서 모셔오곤 한다. 한마디 불평 없이 뒷바라지를 하는 그에게 싫지 않느냐고 물으면 "살아계신 것만으로도 고맙다" 했다. 나이 많으면 거의 다 그렇지 않겠냐고, 또한 자신의 소임이라고도 했다. 늘 방에만 계시는 어른이 처연해 가끔 차에 모시고 딸기 밭에도, 코스모스 길도, 단풍고운 대관령 굽잇길도 나들이 다닌다. 철따라 계절 음식도 해 드린다. 그 시어머니는 "너 아니면 어디서 삼시 세끼 이런 따슨밥 먹겠냐." 고 하신다. 외출 시, 길가에 차지 않고 버려진 쓰레기봉투를 옆 봉투에 채우고 물을 흘리며 3층까지 들고 오시거나, 버려진 폐품들을 들고 올라오실 때가 있다. 그는 말없이 받아 두었다가 몰래 버리곤 한다. 고부간 평화가 유지 되는 방법을 이미 터득했음인가. 사람 살아가는 데는 지식보다는 지혜로 워야 된다고 생각된다. 그 시어머니는 얼마 전 하늘로 가셨다. 젊어서 홀로 된 시어머니가 자신을 위해서는 한 푼을 아끼면서 자손에게 물려주려고 애쓴다는 걸 막내며느리는 알고 있었다. 그러기에 많이 생각나고 그립단다. 그리고 가슴이 아리단다. 49제를 사찰에서 올렸고 백중제도 해마다 거르지 않고 올려드린다.

그가 다니는 사찰 도반이 내게 이르는 말이다. "언니는 겪어보지 않아 잘 모르겠지만 동생은 정말 진국 이예요. 법당회장 일을 맡아 하면서 말없이 누가 보든 안 보든 티 내지 않고 잘해요." 그를 한번 겪어본 사람은 다 칭찬이다. 절집 스님도 이웃사람들도 그를 지혜로운 보살이라 한다. 암 투병으로 섬망에 들어 생사를 헤매던 그 남편에게도 간병을 잘해 지금은 완치되었다. 그의 신랑, 막냇동생 끝순이를 집안의 수호천사, 봄의 문을 활짝 여는 복덩이라고 입이 귀에 걸렸다.

문학비를 세워 드리고 싶다

- 수필가 박종철 선생님을 추모하며 -

자서전을 써 보고 싶었다.

일간지에 끼워온 전단지를 보고 찾아간 곳이 여성회관 문예창작반이었다. 2014년 3월 박종철 선생님과의 만남은 그렇게 시작되었다. 곧이어 등단을 권유하셨다. 나는 부끄러운 이야기들이라 내보일 수 없다고 했다. 선생님은 바로 그런 걸 쓰는 거라 하셨다. 서투른 글에도 그저 잘 썼다 다독이며 용기를 주셨다. 자신이 없어 어물쩍이는 내게 등 떠밀어 등단에 이름을 올리게 하셨다. 그리고 1년 뒤 박 선생님은 강의를 접으셨다. 나는 마지막 등단자가 되었다.

방문드릴 때면 아끼던 서적에 사인까지 해서 주시곤 했다. 스승의 날 내외분을 모시고 식사 후 셔츠 하나 사드리고 차를 마시며 문학 이야기를 나눌 때도 나와 사모님과의 대화였다. 선생님은 그저 듣고 웃기만 하셨다. 시골집에 내외분을 초대했을 때도, 동산의 고사리

밭에서 나물 뜯는 우리 곁에 팔베개하고 누워 봄볕이 좋다며 볕바라기 하시던 선생님. 운전면허증을 반납하면서 모임에 참석하실 때면 길안내를 부탁하시기도 했었다.

"김 선생 빨리 책 내세요, 서평 써 줄게요." 그렇게 내 수필집 출간을 서두르셨다.

"선생님 저는 천천히 내렵니다. 더 공부해서요."

선생님 건강으로는 어려울 거라 내 나름 생각하고 지냈다. 연말도 되고 지난 말씀도 있고 겸사겸사 출간계획을 말씀드려야 할 것 같아 찾아뵈었다. 전보다 건강해 보였다. 아주 좋아하시며 원고를 가져오라 하셨다.

2020년 1월 7일 오후 원고를 갖다드리고 나오는 발걸음은 가벼웠다. 그날 밤 자정쯤 선생님으로부터 문자가 왔다.

"김선생님죽배불리맛있게잘먹었어요감사해요" 늘 그렇듯 띄어쓰기도 하지 않은 채로.

곧바로 "건강도 좋지 않으신데 선뜻 써 주신다하셔서 고맙습니다."라는 답 글을 드렸다. 이 문자가 마지막이 될 줄이야.

이튿날 아침이다. 선생님이 중환자실에 입원하셨다는 것이다. 사모님의 소식을 접하는 순간 천 길 낭떠러지로 떨어지듯 가슴이 내려앉았다. 혹여 내 원고가 원인인가 싶어서였다. 원고는 펴보지도 못하셨고 약을 드시다 목에 걸려 새벽녘에 응급실을 찾았다는 것이다.

코로나19의 확산으로 문병도 제한되었다. 중환자실과 병실을 오가던 선생님을 겨우 뵙게 되었다. 때마침 수녀님이 방문하셨다. 신앙심이 투철한 선생님은 눈빛이 영롱해지며 성호를 힘차게 긋고 묵도하셨다. 곧 호전될 것 같았지만 고만 폐렴이 겹쳐지고 말았다.

휴대폰을 뒤져 본다. 문자의 흔적들이 그대로 남아있다. 울컥해진다. 무심코 번호를 눌러 본다. 소리 샘으로 연결된다는 멘트다. 아직 번호가 존재한다.

2014년 12월부터 2020년 1월 7일까지 주고받은 문자는 450여 건이 넘었다. 나는 주로 안부전화였고 선생님은 고맙다는 답신이었다. 답을 주실 때면 박종철 배, 박, 종소리, 박종철 드림 같은 위트나 겸손함으로 마무리 하셨다.

선생님의 『제28회 수필문학 하계세미나』 참석(2019년)은 위험스런 모임이었다. 강석호 선생의 1주기 추모식과 겸하는 행사라 더더욱 옛정이 그립고 글벗들도 만날 수 있어 참석하고 싶은 마음이 간절하신 듯했다. 상임편집위원이면서도 근래 수년간 월간 수필문학 모든 행사에 참석하지 못하셨던 선생님은 마지막이 될 거라는 예감이 드신 듯, 불편한 몸으로 강행하신 것이다.

선생님은 외출이하고 싶다면서 "김선생가게되면같이갑시다" 라는 문자를 보내왔다. 망설이고 있다는 내 답 글에 "김선생안가면나도안가요" 라는 글을 주셨다. 그 이후도 여러 번의 문자로 가는 길과 방법을 알아보라 하셨다. 선생님의 마음이 이해되면서도 참으로 난감

했다. 불편하신 선생님이 혹여 넘어지면 어쩔까. 더구나 나도 어깨를 다쳐 오랫동안 깁스를 했었고 허리도 안 좋아 구부리고 걷는 상태였다.

KTX를 이용하자고 하셨다. 그렇지만 나는 선생님이 전철역 지하 계단을 오르내리기 어려울 것 같아 버스로 가서 택시로 집합장소에 가자고했다. 그러던 중 선생님은 하루 전에 서울 아드님 댁에서 주무시고 버스대기 장소로 오시겠다고 하셨다.

전세버스에서도 옆자리에 나를 앉게 했다. 남원에서 점심 식사 때와 화개장터 견학 시 춘천의 박종성님이 도와주어 너무 고마웠다.

세미나 행사장에서 내 외빈 원로선생님 소개 시, 박 선생님이 소개되지 않아 식후에 항의 했었다. 월간 『수필문학』 초창기 선생님은 물심양면으로 헌신하신 걸로 알고 있다.

저녁도 변변히 못 드시고 혼자 계실 선생님이 걱정되어 6층 객실로 올라가봤다. 치아가 안 좋아 평소 딱딱하거나 거친 음식은 못 드시던 선생님은 죽이나 국수를 찾으셨지만 없다고 했다. 늦게 오기로 한 아드님을 기다리고 계셨다. 홀로 계시는 선생님이 왜 그리도 안쓰럽고 마음이 아프던지. 인생의 허무와 무상을 새삼 느꼈다.

이튿날 선생님은 빗속에서 강석호 선생의 문학비 참배만 끝내고 아드님 차로 강릉 집으로 먼저 돌아오셨다. 매 행사 때마다 그랬듯이 나는 돌아오는 길에 선생님 댁에 들러 그 이후의 일정을 보고 드렸다.

와병 중에도 글 이야기만 나오면 선생님의 눈동자는 어느 때보다

빛났고 불편한 언어에도 말씀이 많아지곤 하셨다. 선생님의 수필 중에서 『주목과 나눈 이야기』를 나는 제일 좋아한다. 읽을 때마다 느낌이 다르다. 선생님의 고결한 문학정신이 하얀 겨울눈으로 긴 수염을 달고 용트림하며 서있는 주목나무속, 결 고운 빛처럼 다가온다.

  선생님은 한국 현대 수필 100년, 100인선에 선정되셨다. 십 수 권의 저서를 내셨으며 많은 문학상을 수상하셨다. 윤재천님이 엮은 163명 문인, 교수의 글쓰기 특강, 『나는 글을 이렇게 쓴다』에서 선생님 글,「수필과의 샅바 잡기」라는 논제의 한대목이다.

  "수필작가들은 수필의 샅바를 놓지 말고 수필이 항복할 때까지 승부사의 기질로 최선을 다해야 할 것이다. 수필과의 기 싸움에서 이기는 자만이 우수한 작가로 환영받을 수 있을 것이다. 수필가는 휴머니즘의 메신저로서 그 직분과 기능을 잘 살려 나갈 때 독자들과 함께 행복한 세상을 살아가게 될 것이다."

  선생님은 계속 지도적 위치에 계시면서 글을 쓰셨다. 수필의 불모지인 강릉에 『영동수필』이라는 밭을 일구어 씨를 뿌리고 싹을 틔워 서른다섯 명의 등단 작가를 내셨다.

  법당에 앉으니 선생님의 모습이 떠올랐다. 눈물이 났다. 출간된 내 수필집을 보시면 얼마나 좋아하실까.

  경포 호숫가에는 강릉 출신 작고 문인들의 비가 건립되어 있다. 박종철 선생님 문학비도 그곳에 함께…. 내 바람이다.

무지갯빛 거짓말

크리스마스이브다. 수은주가 곤두박질친다는 일기 예보다. 바깥은 곧 하얀 눈이라도 내릴 듯 회색빛으로 변해간다.

식탁에 둘러앉은 가족들,

"내 어렸을 때면 오늘밤 같은 날은 거리의 '찹쌀떡, 메밀묵~' 하며 외치는 소리에 침을 삼키곤 했지." 내 추억의 꽃피는 이야기에 보태, 중년이 된 남매가 어느덧 어미의 거짓말 성토장이 되었다. 먼저 딸의 이야기다.

"우리 엄마, 거짓말은 태산도 들어 옮기고 기찻길도 옮기는데. 뭐!"

이번엔 아들이 나선다.

"나는 초등학교 5학년까지는 산타가 실존 인물이라는 걸 의심치 않았어. 엄마는 산타가 실제로 크리스마스이브에 꼭 커다란 선물 보따리를 둘러메고, 착한 아이들 집만 찾아서 굴뚝을 타고 내려와 선물을 전해 준다고 했어. 산타는 아이들 마음을 다 알아서 아이가 갖고 싶은 물건만 갖다 준다고도 했다니까. 크리스마스이브가 되면 나는 산타가 보고 싶어 잠을 이루지 못하고 기다리면, 엄마는 '산타는 네가 잠잘 때만 다녀간다. 어서 자라'고 하셨고, 나는 그 말을 믿고 커다란 아빠 양말을 머리맡 장롱 손잡이에 걸어 두고 잠을 청하곤 했었지. 이튿날 아침 눈을 뜨면 영락없이 내가 갖고 싶어 하던 선물이 들어 있는 것이었어. 나는 축구공이 갖고 싶었어. '엄마, 축구공은 양말에 못 들어가는데 어떻게 해.' '아니야, 산타는 다 하는 방법이 있어.' '엄마, 우리 집 굴뚝은 작아서 어떻게 산타가 오지?' 엄마는 또 '산타는 다 들어올 수 있는 신비한 힘이 있단다.'고 하셨잖아. 이튿날 내가 일어나 보면 축구공이 들어 있고, 스타그래프트, 초콜릿 등 모두 갖고 싶었던 것들만 들어 있었지. 그 환상이 깨진 건 6학년 때였어. 산타를 만나고 싶었던 나는 새벽녘 부스럭거리는 소리에 얼핏 눈을 뜨는 순간, 퍼뜩 스쳐가는 엄마의 그림자가 보였어. 그 순간 아, 역시 엄마였구나! 했지. 내가 1학년 때, 이웃집에 유치원생 재형이 있잖아, 그와 산타 때문에 싸웠지. 나는 산타가 실존 인물이라 우기고 재형이는 엄마 아빠가 산타라고, 서로 우기며 말싸움을 하다가. 씩씩거리며 집에 돌아와 엄마한테 이야기 했지. 엄마는 '응 재형이는 몰라서 그래.' 하셨어. 그래서 난 더 철통같이 믿게 되었지."

 딸아이가 맞장구치면서 거든다.

"나도 그랬어, 3학년 때였다. '엄마, 나는 올해 산타에게 꽃고무신을 받고 싶은데.' 엄마는 기다려보자고 했지. 그런데 뜻밖에도 갖고 싶었던 꽃고무신이 아빠 양말 속을 비집고 들어 있었어. 뛸 듯이 기뻐서 신어 보는데 좀 작았어. 엄마는 바꾸러 가자고 했다. '엄마, 산타가 준건데 어떻게 바꿔.' '아니야, 산타가 작으면 바꾸라고 고무신 가게에 다 말해 두었데.' 그래서 나도 산타는 사람의 마음을 꿰뚫어 보는 초인적 인물로 무엇이든 알아서 척척 해주는 분으로 알았지."

성토대회는 옛날로 거슬러 아이들이 네 살, 여섯 살 때로 이어졌다. 아들과 딸이 번갈아가며 주고받는다.

"엄마, 외가로 가는 차는 빨간색이잖아. 이 차는 파란색 직행이네."

"아니, 요즘 바뀌었어. 외가도 직행버스야."

"우리는 더 이상 의심하지 않고 따라 올랐지. 버스가 출발해, 좀 달리다 연곡에서 서울 쪽으로 좌회전을 해야 외가로 가는데 여전히 직진으로 달린다. 그때부터 우리는 와~앙 울음을 터트리곤 했어."

"그래도 아빠한테 가서는 더없이 좋았어. 그 멀미 때문에 힘들었지만."

"외가에 가면 토끼, 병아리, 소도 있고 외사촌들도 많아서 재미있게 놀 수 있었지."

사실이었다. 남편이 1978년, 고성군 대진에서 홀로 근무했다. 토요일 오후면 그이에게 제반 생활도 챙겨주고 아이들도 보여 주려고 데려 가야 하는데 비포장도로이고 멀미를 해서 가지 않으려고 했다. 그 대신 외갓집에 가길 좋아했다. 그래서 외갓집에 간다며 꼬였다.

아이들은 좋아라고 따라 나섰다. 터미널에서 의심하기 시작한다. 아이들은 직행버스와 시내버스는 구분할 줄 알았다. 어린남매를 데리고 남편의 근무지를 찾을 때마다 아이들은 몹시 토를 했다. 남편이 차를 잘 못 타는 약체라 대신 아이들이 수난을 겪었다.

 수영장에서 수영을 끝내면 으레 샤워를 하게 된다. 옆에 있던 동년배쯤 되어 보이는 여인이 뜬금없이 말을 건다.
 "할멍~이, 할멍~이는 팔십은 넘었지요?"
 "아이구우, 나 그리 젊어 보이우. 나 구십 둘이라우."
 "어~머뭐~ 구십이 넘은 할멍이가 혼자 잘도 하네요." 연이어 질문 공세다.
 "어떻게 살아요?"
 "그냥저냥 살지요."
 "누구와 살아요?"
 "혼자도 살고 애들과도 살지요."
 "뭘 먹고 살아요?"
 "밥도 먹고 물도 먹고 살지요."
 "어떻게 다녀요?"
 "두발로 다니기도 하고, 자동차를 끌고 다니기도 하지요."
 어머머…, 동물원 원숭이 보듯 한다. 얼마 뒤, 그 의문의 여인을 또 만났다.

"아이고 할멍이, 이제 해 넘겼으니 구십 셋이네요."
"예, 그러네요." 그 며칠 뒤 그 여인을 또 만났다.
"아이고, 할멍~이두, 씨이익 웃는다.
"왜요?"
"아이고, 거짓말을…."
"아니, 나이가 몇 살이냐고 물어야 바로 알려주지. 팔십은 넘었지요오~. 하니, 그리 대답할 수밖에요."

선의의 거짓말은 하얀 거짓말, 즐겁고 재미있는 거짓말은 무지갯빛 거짓말, 나쁜 거짓말은 새빨간 거짓말이라고 한다. 아이들도 엄마의 거짓말이 새빨간 거짓말은 아니었다고, 그렇다고 무지갯빛, 하얀 거짓말도 아니라며 웃어넘긴다. 나는 너스레를 떤다.
"아빠를 즐겁게 해주려는 무지갯빛 거짓말이었다. 그러나 너희들을 힘들게 했지. 미안하다. 내 사랑하는 아들 그리고 딸."
그동안 나는 본의든 본의 아니든 체에 거르지 않은 거짓말을 얼마나 했을까.

미소를 머금다

　집수리를 시작했다.
　아들이 외국 연수를 간다기에 기회다 싶었다. 작으마하게 하려던 것이 크게 벌어졌다. 제일 문제가 책들을 정리하는 것이었다. 남편은 거실을 나는 내방을 서재로 썼었다. 남편이 공무원이었고 시인이자 독서회원, 서예·문인 화를 했고 오랜 기간 구독한 월, 계간지 및 단행본들, 서양화와 사진을 전공한 딸의 화보, 전문서적, 각종사전류들, 그리고 내게 보내온 수필집 등 온 집안이 책들로 가득 채워져 있다.
　남편이 떠난 뒤 한바탕 정리했으나 워낙 아끼고 귀한 책들은 아까워서 남겨 두었었다. 이 참에 눈 딱 감고 묶어내기로 하고 거실도, 내방 책장들도 모두 털었다. 유명인사들의 시집이나 에세이집들은 도서관에 기증할까도 했지만 요즘 책들이 넘쳐난다는 신문지상 소식에 접었다. 폐지 수거 자원센터에 연락해서 자동차를 가져오라 했다. 남편이 보석처럼 아끼던 책들이라 눈물로 보냈다. 그런데 책장 밑바닥 손이 닿지 않은 곳, 깊숙이 숨겨두었던 어린이들 학급문집들이 손에 잡혔다. 까맣게 잊고 있었던 기억 속, 완전히 지워졌던 옛일이 몽글몽글 퐁퐁퐁 샘물처럼 솟아오른다.

90년부터, 4년 동안 삼척 맹방초등학교에 근무했었다. 전국에서 제일 아름다운 학교로 선정되어 대통령 포상금으로 교사(校舍)보다 더 큰 실내 체육관이 지어져 삼척군 교사들의 각종 연수 장소로, 전국 여름 해변학교 연수 장으로도 널리 사용되었었다.

교장선생님의 부지런함과 절약정신은 모범이셨다. 늘 호미를 들고 축구장 같은 잔디밭 교정에 앉아 계셨고, 사무용 메모지는 지나간 달력 뒷면을 이용하셨다. 출장에서 남은 여비는 경리담당께 반납하시곤 하셨다. 소각장에도 수시로 나가셔서 낭비되는 종이가 없도록 하셨다. 손수 비를 들고 교정 뜰이나 아이들 화장실을 청소하시며 물을 아끼도록 주의 하셨다.

전교생 80여명, 등교하면 6학년을 중심으로 손수레를 끌고 전교생이 학교 주위를 한 바퀴 돌면서 떨어진 종잇조각이나 나뭇가지들을 줍는 게 일상 이였다. 교정에는 떨어진 패종이 한 장도 날리는 번이 없었다. 학생들은 가족 같은 분위기로 이웃의 아는 형, 누나, 동생들이었고 각 가정 사까지 잘 알고들 있었다. 학교 실습지의 쪽파로 부침개를 해서 직원들이 포식을 했고, 이웃 학교 직원들까지 불렀다.

내가 맡은 특활부서 과학반에서 화산폭발 실험을 하다가 두 학생(4·6학년)이 얼굴을 데었다. 그 부모님께 사과하러 갔더니 그 학생 어머니 왈
 "우리 아이가 까불고 황잡해서 생긴 일이니 죄 없는 일, 곧 낫겠지요. 걱정 마세요. 선생님이 얼마나 놀라졌겠어요." 오히려 나를 위로해 주었다.

 나는 학창시절에 글쓰기나 문예반을 기웃거린 적이 없었다. 쓰고 싶을 때 푸념정도로 일기를 썼다. 교직에 몸담고, 초년에는 그저 페스탈로치 후예가 되겠다는, 열정하나로 아이들과 들로 산으로 일요일을 추억 만들기, 현장학습으로 반납했고 내 아이를 키우면서는 일에 묻혀 버스를 예닐곱 번씩 갈아타면서 4~5인 역을 했다. 40대가 넘어서면서 누가 시키지도 않았는데 교장선생님 인사말까지 써가며 스스로 줄판에 철필로 등사지를 긁어서 학교 신문을 냈다. 그 후 부터는 담임했던 어린이들에게 글짓기를 권장해 '어린이강원'에 게재되는 재미로 계속 투고케 했다.
 4학년 아이들, 육필 원고로 된 문집을 펼쳐드니 그 때의 일이 주마등처럼 지나간다. 어머! 이렇게도, 이런 일도 있었네. 싶다. 1인 여러 편이 실려 있다. 비뚤배뚤, 들쭉날쭉, 각자의 육필원고에 각자의 사진을 붙여 흑백으로 복사되어 제본된 문집들을 들여다보면서 글짓기 재주도 없는 자신이 참으로 좋아해서 한 일이였구나! 교가, 반가, 동시, 산문, 독후감, 기행문, 편지글, 사진 등으로 짜여 있다. 재적

19명에 동시 산문, 년 중, 오십여 편이 어린이 강원에 실려 있었다. 소질이 엿보이는 어린이에게 개인문집도 만들게 해서 삼척교육청주최 개인문집 콘테스트에 은상도 수상했다. 정말 학생들에게 글짓기를 많이 권장하고, 투고도 많이 시켰구나 생각되었다. 나는 주로 4학년 담임을 했었다. 그래서 4학년 전문 선생이란 별명도 얻었다. 당시 4학년 문집, 〈꾸미고 나서〉의 일부를 적어본다. ~

~~리듬 합주가 옆 반에 시끄럽다 생각되면 악기를 들고 해변 솔밭, 바윗돌 걸상에 앉아 마음껏 두드리며 불어보고, 씨름을 하겠다고 해당화 곱게 핀 바닷가 모래사장에 가서는 조개 줍기에 정신이 팔린 적도 있었다.~~

다음해 1학년 문집도 육필원고로 만들었다. 역시 동시, 산문, 독후감, 기행문, 편지글, 사진, 그림일기로 짜여 있다. 재적 일곱 명, 지금 펼쳐보니 그림일기는 복사라 선명치 않다. 같은 해 학교문집도 겸해 출간했다. 전교생을 짓기에 참여케 해서 계속 '어린이강원'에 게재 된 작품들이 많이 실려 있다. 학교문집은 타자로 된 글자다.

어린이들의 가능성은 무궁무진하다. 교사들이 생각지 못한 아이디어를 끄집어 낼 때도 있어 깜짝 놀라게 할 때도 있다. 그 가능성을 발견해, 열어주는 것이 교사들이 할 일이 아닌가 싶다.

문집에는 좋은 동시, 산문들이 많다. 지금쯤 아름다운 문인이 되어 있을 어린이도 있지 않을까. 삼십 여년 훨씬 전에 만들었던 아이들의 비뚤배뚤 보배 같은 천진한 육필원고, 작품들이 선한 본성을 울리는 마음으로 읽혀져 미소를 머금는다.

4부

천방지방

소금강장천마을
청년, 윤수
천방지방
찔레꽃 친구
신남 댁 이야기
마카오지 마우야
노인은 도서관
아버지의 유산
퇴임식에서

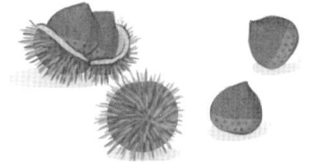

소금강장천마을

'소금강장천(長川)마을'은 금강산만큼 경치가 좋다하여 작은 금강산이고, 긴 내가 마을 앞으로 흐르고 있어 붙여진 이름이다. 마을 회관 옆으로는 소금강으로 오르는 금강교 다리가 있고 그 옆에는 400여 년 전 미수 허목이 길을 가다가 풍광에 취해 쉬면서 바위에 썼다는 '취선암(醉仙岩)' '지기대' 라는 글씨가 지금도 선명하게 남아 있다. 또한 천년이 넘었다는 아름드리 천연기념물로 지정된 '소나무' 도 있고, 고부(姑婦)가 빠져 죽었다는 한에 얽힌 '고부소' 도 있다.

평소 전원생활을 꿈꾸어오던 그였다. 명예퇴직으로 굴피집을 장만하게 된 그는 입 귀에 거는 하회탈 이매의 얼굴이다. 연곡 6번 국도를 따라 진고개 방향으로 약12km쯤, 왼쪽 골짜기로 들어서면 여자단속곳처럼 산으로 둘러쳐진 곳, 1893년에 건축된 목조농막이다. 울도 담도 없고 산천과 마당의 경계도 없는 십 수 년 폐가로 방치되어있어 마을 사람들은 귀신이 나온다고 하는 싸릿골 외딴집이다. 문짝과 창문은 밤손님에 의해 대처로 나가고 주인 없는 마당에는 잡목에 가시넝쿨이 까치집을 짓고 있다. 굴피지붕은 비바람을 견뎌내느라 구새 먹은 먹감나무 밑동 같다. 부엌 쪽에 기역자로 붙어 있던 마구간도 엎질러진 물동이 같다. 그래도 그 남자는 헤벌쭉 이다.

강릉시내에서 30여 분 거리다. 자귀로 다듬어 세운 기둥이라며 10여 년 동안 다듬고 손질하며 원형을 살리고 자연을 닮으려 보수와 수리에 열중이다. 호롱불 아래 생활하다 4년 만에 전기가 가설되었다. 산짐승 풀벌레 산천초목들에게는 침입자가 된 것이 미안해 최소한의 방안 등불만 밝힌다.

그 즈음 정부에서는 '녹색혁명 자립마을' 육성을 위해 퇴비 증산에 포상금을 걸었다. 마을 회의를 거치면서 참가키로 했다. 퇴비 저장소가 내 집 마당가 휴경농지로 정해지면서 자연스레 우리부부도 동참하게 되었다.

찌는 듯 더운 여름, 이장을 중심으로 마을주민 모두 열심히 풀베기에 나섰다. 서툴지만 나도 열심히 했다. 마을의 경운기가 있는 대로 동원되고 풀 써는 카터기(작두)는 주민 센터에서 빌려 왔다. 풀베기는 햇빛 나는 맑은 날보다 구름 끼고 비 쏟아지는 날이 일하기 더 좋다. 일주일 내내 쏟아지는 폭우 속에 물독에 빠진 생쥐가 되어도 모두들 아랑곳하지 않고 즐거운 마음이었다. 경운기가 들어가지 못하는 곳에는 지게에 지고 머리에 이고 남녀노소 일심동체가 되어 2년 동안 퇴비증산에 힘썼다.

한편으로 '아름다운 마을' 만들기 운영위원회를 조직했다. 내게는 감사라는 임무가 부여되었다. 도로변과 마을 안길에 꽃길을 조성하고 돌탑이정표를 마을 입구에 세웠다. 그렇게 마을 발전을 위해 모든 주민들이 힘쓴 결과 우승의 영광을 안게 되었다. 상금도 탔다.

첫 사업으로 강가에 '장천마을휴양지'를 조성했다. 큰 바윗돌을 밀쳐내고 자갈돌을 고루 펴서 그 위에 마사토를 덮어 텐트치기 좋게 자리를 다듬었다. 강이 굽이도는 우리 마을은 천혜의 휴양조건을 갖추고 있다. 사방 계곡에서 흘러나오는 거울 같은 맑은 물속에는 다슬기가 꿈틀거리고 버들치가 곡예를 한다. 여름철 물놀이하기에는 그만이다. 다음으로 체험장을 마련했다. 휴양지 근처에 있는 폐교된 초등학교를 대여해서 양떼목장, 물레방아, 전통놀이 등 차별화된 체험을 할 수 있도록 노력했다. 청·장년회와 부인회, 노인회가 조직되고 나름 할 수 있는 일들을 서로 찾아서 했다. 청장년 '송이채취 작목반' 수입은 회원들 가계에 직접적으로 많은 보탬이 되었다. 부인회서 운영하는 감자부침개, 옥수수동동주는 휴양지를 찾아오는 관광객들의 입을 즐겁게 해주었다. 노인회는 말린 산채나물들과 산에서 얻어지는 각종 약재, 버섯들을 휴양지에 내놓았다.

잘했다고 2차 정부지원금이 나왔다. 또다시 마을 회의를 거쳐 체험장 옆의 토지를 매입해 '마을펜션' 여섯 동을 지었다. 피서객들이 이용할 수 있게끔 펜션과 체험장 휴양지가 연계되도록 운영하고 있다. 다시 찾고 싶은 마을로 큰 호응을 얻었다.

매년 8월 8일은 '소금강장천마을 축제일'로 정했다. 축제장은 헤엄치기, 메기잡기대회 등 피서객들도 동참해 강변은 웃음꽃이었다. 밤에는 캠프파이어를 즐기며 장기자랑대회도 열렸다. 우리 부인회에선 쑥개떡을 준비했다. 내 짝지와 "쑥개떡 사세요.~"를 외치며 장광(자갈 강 변)의 텐트 주위를 휘돌아다니며 완판하기도 했다.

우리 마을에서 20~30분 거리에 명소가 즐비하다. 소금강, 용소골, 주문진 크루즈 해상관광, 사천, 경포, 정동진 등 동해안 절경이 줄을 잇는다. 우리 마을에 숙소를 정해놓고 낮 동안은 해수욕을 즐기다 저녁이면 돌아와 맑은 냇물에 몸을 헹구고 모깃불 향기 속, 팔베개에 별을 헤면 그 여유로움 더할 나위 없다. 그뿐인가. 강릉항, 양양, 속초, 동해 등지도 30~40분 거리다. 팔월의 폭염은 시원한 계곡, 펄떡이는 활어회, 맑은 공기, 각종 산채나물에 저만치 비켜서고 만다.

겨울 농한기에는 노인회 주관으로 공예품들을 만들었다. 마을회관에서 목공예, 짚풀공예, 손뜨개 등 작품을 만들어 강릉시청사와 연곡면 주민 센터 로비에서 전시회를 열었다. 자기 작품의 모델이 되어 직접지고, 메고, 들고, 입고 선보이는 서툰 포즈에도 방문객들은 큰 박수와 찬사를 보내주었다. 요즘은 건강, 교양, 취미 등 정보교실도 운영되고 있다.

조성된 퇴비는 친환경 농사로 이어지고 있다. 회원들 농가에 공급

되어 두릅나무 밭을 비롯하여 각종 농작물에 뿌려졌다. 휴양지, 체험장, 펜션에서 얻어지는 수입 자산이 10억 이상으로 불어났다. 수익금은 주민들 복지에 힘쓰고 있다. 조성된 기금으로 연말엔 흥겨운 마을잔치도 벌어진다. 이장을 구심점으로 마을 주민이 단합하여 노력한 결과, 농촌전통테마마을·기업형새농촌선도마을·농촌관광사업1등급선정·엄지척명품마을로 선정되는 등 여러 번의 상과 상금을 받았다. 고향마을의 농민이 된 나는 마을일에 적은 힘이나마 보탠 것 같아 보람을 느낀다. 지난해부터는 가구당 배당금도 지불된다.

'소금강장천마을', 가재가 샘을 트고 반딧불이가 숨바꼭질한다. 은하수 강물에 멱을 감고 풀벌레가 교향곡을 연주하는 곳, 돼지 멱따는 소리로 노래를 불러도, 목청 높여 부부 싸움해도 풀이 안으로만 들녘을 껴안는 곳. 물 맑고 공기 좋은 농촌에서 미래를 설계해 보는 것도 좋지 않을까. 건강한 마음의 평화를 얻을 수 있는 곳. 돈으로 계산할 수 없는 자연의 혜택을 어찌 도시의 문화와 비교할 수 있을까.

부존자원이 풍부한 우리 마을이다. 젊은이들이 줄줄이 찾아주어 IT기술이 접목된 첨단 농업으로 생산성 높은 농촌을 만들어 주는 4·5차원의 농업 혁신을 이루어 주는 그런 날들을 기대해 보는 것은 내 욕심일까.

(20. 4)

청년, 윤수

그는 셈이나 비유가 되지 않는, 환희를 나누어주는 수호천사다. 그의 마음 밭은 광대하고 무궁한 공간의 우주를 담고 있으며 깊이를 헤일 수 없는 소(㴚)같다.

속담에 '몸이 천 냥이면 눈은 구백 냥'이라 했다. 인간의 감각 기관 중 시각이 차지하는 비율이 그만큼 크다는 것이다. '시각 장애인' 하면 전맹(全盲)을 떠올린다. 양쪽 시신경이 가까이 있어 대체적으로 그렇게 된다는 것이다.

그 청년과의 만남에서 나는 시골 우리집 마당가의 인동초를 생각했다. 추운 겨울에도, 어떤 악조건에서도 잘 견디고 생명력과 번식력이 강해 잎과 줄기를 뻗고 꽃을 피워 향기가 온 집 안팎을 뒤덮는 인동꽃, 한방에서는 금은화라고도 하며 약재로 쓰인다. 그 인동 덩굴처럼 그 청년에게서는 숭고함까지 느껴졌다.

내가 윤수 청년을 알게 된 것은 안마소에 치료차 나가면서다. 가냘프고 앳돼 보이는 스물다섯 살 청년이 장애를 받아들이기까지에는 모진 고통을 감내해야했단다. 일곱 살 이던 어느 날 밤 잘 자고 일어나니, 농밀한 어둠의 장막이 자신을 둘러싸고 있어 아직 밤인가 생각하고 자고 또 자고, 했다는 것이다. 식구들이 떠드는 소리를 들으면 분명 밝은 낮인 것 같은데, 광활한 까치버섯 밭에 홀로 서 있는 듯 한 자신을 느끼고 그제야 앞이 보이지 않는다는 걸 알았단다. 아니 어떻게 앓지도 않고 우연히 그리 된단 말인가. 다시 물어봐도 꿀잠만 잤다는 대답이다. 그로부터 절망으로 몸부림치며 칠흑 속을 헤매다가 몇 번 죽기도 시도했었다고 했다. 그렇게 인고의 세월 보내기를 십오 년, 그러다 어느 날 문득 깨달았단다.

'그래, 그래도 육신은 멀쩡하지 않은가! 아픈 데는 없고 눈만 보이지 않으니, 살아가는 데에 조금 불편할 뿐이다. 장애를 갖고 싶어서도 아니고, 탓을 하지 않기로 하자. 탓을 하면 원망이 따를 터. 운명으로 받아들이자.' 한탄하지 않기로 했단다. 그렇게 마음을 고쳐먹으니, 황금빛 광명이 펼쳐지더라. 는 것이었다. 일체유심조의 뜻을 깨우친 것이리라.

부모님은 형편이 어려웠지만 춘천 맹학교를 보내주셨고, 공부가 인생의 빛이 되었다. 국비유학생으로 외국까지 연수를 다녀왔다. 점자 정보단말기를 이용해 남들처럼 읽고 쓰고 익힐 수 있었다. 전자 우편과 메신저로 온 문서 내용을 음성으로 읽어주는 컴퓨터 프로그램을 이용해 스스로 처리하고 주식도 한다고 한다. 안마사로 일하면서 일한 만큼 대가도 받는다. 직업이 있으니 나라로부터 장애인 수당도 받지 않고 비장애인과 같은 대우를 받는다.

지금은 원룸에서 혼자 지내며 자립의 길을 걷고 생활하고 있단다. 앞으로도 부모님께 걱정 끼치지 않고 굳건히 살아가겠다는 결의도 대단하다. 어차피 인생은 혼자 가는 길이기에. 그래도 가끔 마음이 아픈 건, 연민이나 동정심으로 대해 주는 사람들의 관심이 전해 올 때라 했다.

그는 고뇌하는 철학자 같다. 대화할 때는 자연스레 칸트의 순수이성비판이나 아리스토텔레스, 플라톤 같은 철학자들의 이론이 나온다. 세계사, 한국사, 지리에도 해박하다. 생각이 건전하고 사회성이 밝고 긍정적이다.

나는 안마를 받기 시작하면 끝날 때까지 눈을 꼬옥 감는다. 윤수 청년의 얼굴을 쳐다볼 수 없어서다. 두 눈 멀쩡히 뜨고도 앞을 제대로 볼 수 없는 나, 투정부리고 원망하며 비교하고 시기했던 일들이 얼마였던가. 너무 미안한 생각이 든다.

초등학교 때, 헬런 켈러의 전기를 읽고 빗물 같은 눈물을 쏟았었다. 설리번 선생처럼 어려운 사람들에게 희망이 되어 주고 세상을 바꾸는 원동력이 되는, 선한 영향력을 끼치는 사람이 되리라 꿈꾸던 시절이 있었다. 그 꿈을 이루진 못했지만. 설리번 선생을 지금까지 존경하고 있다.

우리나라에도 시각장애인을 위해 애쓰신 분들이 있다. 1995년 삼풍백화점 붕괴로 한꺼번에 세 딸을 잃은 고 정광진 변호사는 장녀가 다녔던 맹학교에 보상금과 사비를 털어 장학재단을 세웠으며 30년 가까이 맹학생들을 지원했다. 또한 15세에 열병 후유증으로 전맹이 된 이재서 님은 미국에서 석사, 박사 학위를 취득하고 돌아와 총신대 총장이 되었으며 장애인과 소외된 계층을 위해 선교 단체를 만들어 봉사하고 있다. 장애를 딛고 일어서는 이들을 보면 "부족함은 선물이다. 배고픔을 즐겨라." 고 한 이동규 교수의 칼럼이 생각난다. 나도 이번 기회로 시각장애인에 대한 관심을 가지게 되면서, 그들을 대할 때의 예절과 안내 방법도 숙지하게 되었다.

신이여! 그 청년에게 더욱 더 가멸찬 사랑을 베풀어 앞날을 광명으로 인도하소서. 노력의 씨를 뿌리는 그의 마음 밭에 희망의 열매를 맺게 하소서. 우울과 절망의 날은 식멸되고 메말랐던 마음 터가 울울창창한 숲으로 뒤덮이게 하소서. 인고의 시간을 넘어서 온 누리에 품어내는 인동꽃 향기 같은 윤수 청년…. 그가 바로 인동꽃이어라.

천방지방

이른 봄날, 한낮의 햇살이 솜털마냥 보드라웠다.

우리는 도랑 건너 삼십 평정도 되는 취나물 밭을 손질하러 갔다. 취나물은 아직 세상 밖으로 얼굴을 내밀지 않았지만, 밭 손질을 깨끗이 해 놓고 마중할 채비를 하려는 심산이었다.

지난여름 무성했던 잡초들의 잔해가 뒤엉켜 있었다. 한 길이나 자란 채로, 말라붙고 비틀어져 있는 잡풀들을 태워버리면 애써 뽑지 않아도 일이 쉽게 끝날 것 같았다.

"여보, 그냥 태워 버리자. 애써 뽑지 않아도 되잖아."

"안 돼, 불 무서워."

꼬챙이 같은 남편이 앞에 쭈그리고 앉아서 마른 풀을 헤치며 뽑아 나갔다.

'뭐, 내가 불 놓으면 그만이지. 자기가 뭐라 할 거야.' 하는 생각에,

주머니에 넣어둔 라이터에 저절로 손이 갔다. 거침없이 불을 그어 붙였다. 순간, 어떻게 할 겨를도 없이 불길이 활활 화산처럼 폭발한다. 찰나적 순간이다. 때 맞춰 폭풍이 몰려온다.

"어머나~"

내 비명에 뒤 돌아본 남편이 소리친다.

"이사람 큰일 냈구나."

허겁지겁 잔솔가지를 꺾어서 함께 불길을 후려치고 발로 비벼댄다. 그러다 온몸을 덮어 뒹굴어 보았으나, 불길은 우리 부부를 놀리기라도 하듯이 도깨비불을 달고 성큼성큼 장대 뛰기를 한다. 마치 날 잡아 보란 듯이. 죽을힘을 다해 불을 꺼 보았지만 역부족이다. 사나운 불길은 두릅밭 육백 평에 옮겨 붙더니 순식간에 위쪽 삼백 평 밭에까지도 벌겋다. 3m로 포장된 산길, 건너편 잔디로 불똥이 뛰어간다.

"나무아미타불, 나무아미타불" 애간장을 끓이며 아미타불을 외쳐댄다. '이제 감옥행이구나. 벌금은 얼마나 될까. 수형(受刑)은! 또, 내가 교도소에 가면 아이들은. 방송에 나오면 내 체면은. 남편의 위신은…. 그 상황에서도 이루 헤아릴 수 없는 생각들이 빛의 속도로 머릿속을 스쳐간다. 올곧게 살아왔다고 자부했던 삶들이, 하늘이 무너지는 느낌이었다. 불끄기를 접고 죄수로 살아가야 하겠다는 비통한 생각으로 주머니의 휴대폰을 뒤졌다. 그런데 아니, 이런. 휴대폰이 불에 녹아 버려서 통화도 할 수가 없다. 자연인으로 살고 싶다는 남편은 명예퇴직 후에 통장도 휴대폰도 없이 산다. 급한 연락은 내 휴대폰을 이용하고 시골에 오두막을 장만해서 들락거리며 지낸다.

 할 수 없이 나는 500m 밖 도로변에 있는 모텔로 뛰어가서 119에 신고해 달라고 소리치고는 주인 얼굴도 보지 않은 채 뒤도 돌아보지 않고 다시 집 쪽, 도랑을 따라 내달렸다. 타들어가는 밭쪽을 건너다보았다. 웬일인지 불길이 안 보이는 것 같았다. 그래도 숨이 막히는 느낌이며, 목이 타고 현기증이 났다. 곧 쓰러질 것 같아서 물을 마시겠다고 집 안으로 들어갔다. 들어서는 순간, 모든 걸 체념해서인지 얼굴 전체가 칼에 벤 것처럼 아프고 화끈거리며 쓰려서 눈도 뜰 수 없었다. 부엌에 달린 거울에 비쳐진 내 얼굴은 화롯불에 잘 익은 옥돔 같고, 모심기 두레 때 가마솥에서 일궈낸 못밥 누룽지처럼 허물까지 홀랑홀랑 홀라당 벗겨져 있었다. 아래를 내려다보니 점퍼 앞자락은 까마귀 날개 빛이고 바지 무릎은 대보름달 같은 구멍이 펑 뚫렸다. 다이너마이트를 맞은 듯 살점도 떨어져 나가 피가 줄줄 흐르고 있었다.

 화상에는 소주를 바르면 좋다는 말을 들은 기억이 어렴풋이 떠올라서 부엌 구석의 소주병을 꺼내 얼굴과 무릎에 사정없이 들이부었다. 정신이 혼미해지는 것 같아 그만 바닥에 벌러덩 누워 버렸다. 모든 걸 포기했으니, 경찰이 오면 잡혀갈 각오로 말이다.

 밖에서는 '앵앵' 불자동차 소리, 헬기 소리가 요란하다. 얼마 후에 남편이 들어왔다. 남편의 옷도 그을음투성이며 군데군데 구멍이 뚫리고 엉망진창이다. 교도소에 가기로 마음을 다잡고 있는 내게 소리치고는 다시 뛰쳐나갔다.

"당신 꼼짝 말고 있어야 해."

신고해 달라고 부탁하러 갈 때, 갑자기 동해시 큰 산불 이야기가 번갯불처럼 머리를 스치고 지나갔었다.

"자동차 한 대가 휙 지나가더니 갑자기 불길이 확 솟더라."

나도 똑같은 거짓말을 하고 있었다. 돌아와서 현장에도 가지 못하고 쓰러져 버렸으니, 방화자 미상이 되어 버렸다.

지금 생각해도 너무 이상하다. 내가 신고하자마자 불꽃이 저절로 식멸(熄滅)했나 보다. 아님, 바람이 반대로 불었거나. 단, 그것도 순간이었다. 산으로 옮겨 붙은 줄 알았던 불꽃은 천만다행으로 우리 두릅밭 풀만 태우고 길 건너 산에는 옮겨 붙지 않았다. 분명 신고하러 갈 때는 산 전체로 옮겨 붙어 활활 타고 있을 것이라고 생각했었는데. 불이 사그라진 뒤에 불자동차와 헬기가 도착해서는 잔불 처리만 했다고 한다.

그날 나는 시내 집으로 돌아와서 병원에도 못 가고 겨우 약국에서 연고만 사다가 발랐다. '도둑이 제 발 저리다' 는 속담처럼. 다행히 화상연고제에 소염진통제가 함유되어 있어서 진통은 차츰 가라앉았다. 이튿날 연고를 얼굴에 머드 팩처럼 처바르고 다시 오두막으로 갔다. 조사 나올 것에 대비해서 땅 속에 묻어 둔, 휴대폰 때문이다. 그을음을 뒤집어쓰고 녹아있는 휴대폰을 꺼내서 한적한 곳에 더 깊숙이 묻었다. 집 주위를 탐지기로 땅 속까지 조사할 것 같다는 생각이 들었기 때문이었다.

그 대가로 나는 봄, 여름 내내 온 얼굴, 피부가 짓물러 벗겨지고 헐어서 고름이 샘물처럼 흘러내리는 고통을 감내하며 커다란 마스크를 하고 다녔다. 얼굴이 왜 그러냐고 묻는 지인들에게는 '오두막에서 삶은 시래기를 퍼 담다가 함지박에 얼굴을 박으며 엎어졌다'고 둘러댈 말도 생각해 두었다. 온 얼굴이 박피하듯 허물을 벗었는데도 흉터가 크게 남지 않아 천만 다행이었다. 그때는 얼굴 흉터 같은 건 생각할 겨를도 없었다. 아내를 살리기 위해 방화자에 대해 침묵한 남편은 생애 처음으로 양심을 팔았음에 오랫동안 괴로워했다.

그리고 어언 20년이 지났다. 남편은 뒷동산 나무 밑이 자기 집이라며 가부좌를 틀고 참선하고 있다. 불길에 스쳤던 두릅 밭도 무성하게 어우러졌다. 그러나 절박했던 그 순간을 떠올릴 적마다 나는 죄인이 된다. 두릅 밭에 갈 때마다 남편에게는 그저 미안하고 가슴이 먹먹해지며 죄를 지은 전과자 심정을 감출 수가 없다. 그때처럼 그렇게 절박하고 간절하게 '아미타 부처님'을 불러본 기억이 없다. 지금 생각해도 위기를 모면했던 것은 부처님 가피가 아니고서는 도저히 있을 수 없는 일이었느니…

"나무아미타불, 나무아미타불"

찔레꽃 친구

1950년대까지도 자식들은 곧 노동력이라 생각했다. 더구나 시골에선 남존여비 사상으로 여자아이들에게는 외출은 물론 학교에 보내는 것 자체를 탐탁스레 여기지 않았었다.

아버지는 교육에 대한 열정이 남달랐다. 피난살이 시절이었지만 밥은 굶어도 배워야 한다는 아버지의 신념이 초등학교 졸업생 29명 중 오직 나 혼자만 중학교에 진학하게 해 주셨다. 마침 폐교되었던 길안중학교가 안동중학교 길안분교로 인가돼 입학생이 오십여 명이었다. 그 중 여학생은 9명이었다. 다행히 아랫마을에 이사 온 친구가 있어 등하굣길이 즐거웠다.

왕복 통학거리가 30여 리나 되었다. 고샅을 돌아 나오면 쭉 늘어선 미루나무 신작로, 그 길을 가로지르며 굽이돌아 흐르는 낙동강 지류인 길안 큰 강을 자그마치 세 번 건너야 한다. 강을 건너기 전 첫 번째 자갈모래밭 쑤(숲)가 쫙 펼쳐지는 앞에서 친구를 만난다. 그 쑤를 끼고 강가를 따라 한참을 더 걸어 강물을 건너다보면 물고기들이 내 정강이를 자기들 먹이창고로 알고 달려들곤 한다.

가뭄에는 돌다리나 보 위로 다니지만 비가 오거나 눈이 녹아 물이 불어나면 겉의 아랫도리까지 벗고 책가방은 머리 위에 이고 건널 때도 있다. 미리 속옷을 준비하고 집을 나서기도 한다. 그뿐인가. 추운 겨울 물속에 들어서면 발목이 잘리는 듯 강물을 건너온 맨발은 돌서더릿길 돌멩이에 쩍쩍 얼어붙고 감각이 없다. 걷다보면 화롯불 위를 걷는 것처럼 화끈거려 팔짝팔짝 뛰며 서로를 쳐다보고 웃기도 한다.

그러나 봄이면 숲에서 새 생명들이 삐 삐 삐요 몸부림을 친다. 찔레나무도 연둣빛 새순들을 밀어 올리며 돋아나는 모습이 비 온 뒤 죽순처럼 힘차다. 느긋해진 하굣길 친구와 허겁지겁 한 움큼의 찔레순을 꺾어들고 허기를 달랜다. 찔레 순을 입속에 넣고 잘근잘근 씹으면 단발머리 소녀의 입속엔 쌉싸래하고 향긋한 향이 배어든다. 그러다 누가 빨리 먹나 털어 넣고 찔레 먹고 맴맴, 고추 먹고 맴맴 하하 호호 입안까지 파랗다. 찔레 순을 휘어 걸어서 어떤 순이 더 센가, 세기 싸움도 키 대보기도, 가위 바위 보로 잎 따기 놀이도 한다.

5, 6월이면 온 강가에 하이얀 꽃길이 이어진다. 지천으로 피어오른 하얀 찔레꽃은 강변을 온통 옥양목 바래기 하듯 뒤덮고 물안개 품은 향기는 저녁연기 피어오르는 강마을 등성이로 넘어간다. 꽃처녀 된 소녀들, 향기로 시장기 채우고 벌 나비들과 눈빛으로 노래하

며 입속 가득 꽃잎을 털어 넣는다.

어느 가수는 찔레꽃을 순박한 꽃, 별처럼 슬픈 꽃, 달처럼 서러운 꽃이라 했다. 향기는 너무 슬퍼서 울었다고 했고. 봄 한철 찔레꽃은 소녀의 가슴속에 시리도록 다가왔다. 새하얀 꽃잎은 얼마 전 하늘로 떠난 청순한 언니 같은 꽃이다. 어머니 꿈속에 나타나 북두칠성 중 가장 큰 별이 되었다며 현몽했다는 언니, 소녀를 몹시도 아껴주던 언니의 마음이 찔레향기로 전해진다.

가을 강변길은 태양 빛을 흠뻑 머금은 빨간 열매들이 수를 놓는다. 뜨거운 태양 아래 발가벗고 물놀이하던 아이들이 보이지 않게 될 즈음 찔레나무는 붉은 구슬을 뿌려 놓은 듯 익어간다.

하굣길 소녀를 쳐다보며 자꾸만 말을 걸어온다.

"니들 어디 가니?"

"집에 간다."

"오늘은 뭐 배웠니?"

"사랑하고 배려하는걸 배웠지."

송골송골 매달린 빨간 열매를 머리에 꽂고 마주보며 눈웃음 짓기도, 입에 물고 남사당이 되어 두 팔 벌리고 뒤뚱뒤뚱 줄타기도 해본다.

친구와 둘이서 신작로 옆, 고개 숙인 벼이삭이나 수수를 뽑아들고 잘근잘근 씹으면 뽀얀 곡물이 아리하고 향긋하게 입 안 가득 고인다. 입가에 묻은 하얀 얼룩을 마주보며 낄낄 손가락질한다. 길옆 무도 한 개 툭 쳐서 이빨로 둘둘 깎아내고 쓱싹거리며 주인에게 들킬

세라 줄행랑을 친다. '오 태양'도, 때로는 유행가도 부르며 무지갯빛 청춘의 학교 길을 오갔다.

그해 겨울 친구가 학교를 그만두었다. 어찌된 영문인지 소식도 없이 갑자기 이사를 가버렸다. 적막감이 깃든 긴 숲길을 지날 때면 바짝 긴장되었다. 종종 귀신이 나온다는 이야기도 전해 들었다. 늦가을 해가 짧아지면 어머니는 멀리 숲 앞까지 마중 나와 서성이었다. 그 모습이 어렴풋이 보이면 한걸음에 달려가 어머니의 목을 끌어안기도 했다.

친구가 없는 길은 온통 비어 있었다. 외로운 길 그리움의 길이었다. 그 무렵부터 손안에 들어오는 영어단어장을 만들어 외우면서 다녔다. 그해 그곳에서 2학년을 마치고 고향 강릉으로 전학했다. 그때 머릿속에 각인된 단어들은 지금도 또렷하다. 그 버릇은 상급학교에 진학해서도 계속 이어져 그 후 단어들은 길 위에서 외웠다.

50여 년이 지난 뒤 그 길을 찾았다. 지난날 그 강변과 숲 하얀 찔레꽃 길은 흔적조차 찾을 수 없고 왕복 2시간이 넘는 등하굣길은 자동차로 10분 거리였다.

몇 해 전부터 수소문해오던 그 친구를 지난봄 아주 어렵게 만났다. 노래도 잘 부르고 목련꽃 같았던 그 소녀, 아들 며느리 손자와 같이 나왔다. 마주보는 순간 똑같이 달려들어 끌어안고 눈물을 글썽이다 어느새 까르르 예전의 소녀로 돌아가 재잘거리고 있었다. 그동안 신장이식을 받고 남편과 함께 전원에서 농사를 지으며 건강을 지키고 있다 했다. 건강이 좀 걱정돼 보였지만 자식은 잘 키운 듯 보였다. 나이 들면 추억을 먹고 산다는 말이 생각났다.

찔레꽃은 가시가 있어 찔린다고 붙여진 이름이란다. 향기가 장미와 같다고 '들장미' 라고도 하고 잘 자란다고 '야생장미' 라고도 한다.

30여 년 전 우리 집을 지을 때 추억 속 찔레나무 한 그루를 마당가에 심었다. 생장이 빠르고 잘 자라 튼실하게 꽃을 피웠다. 향기도 여전했다. 열매도 예전과 똑같이 탐스럽고 빨갛게 익었다. 찔레 순을 꺾어 입에 넣어본다. 그 맛이 아니다. 그때 그 하얀 교복 깃의 소녀를 찾아 찔레꽃 핀 강가를 한없이 거닐어 본다.

신남 댁 이야기

　나는 신남 포구 어촌에서 무남독녀로 태어났다.
　아버지가 바다에서 건져 올리는 물고기로 늘 밥상이 풍성했다. 학교에서는 선생님으로부터 머리 좋다는 말을 들었고 동네 사람들에겐 얼굴도 몸매도 예쁘다는 말을 많이 들었다. 이팔방년 사춘기에 접어들면서부터 총각들의 데이트 신청이 넘쳐 났다. 그 중에서도 알랭드롱 같이 훤칠하게 생긴 한 청년이 내 가슴속에 박히기 시작했다. 내가 원하면 별도 따줄 것이라 했다. 그로부터 몇 달 후 결혼을 하고 시댁에서의 생활이 시작되었다. 시댁은 면 소재지에 있었고 어머님은 요리사와 여종업원을 두고 요정 비슷한 음식점을 하고 있었다. 나는 그런 어머님을 도와 설거지며 허드렛일을 했다.
　시댁 어른들은 산골에서 대대로 농사를 지으며 살아왔다. 어머님의 친정은 아주 큰 부자여서 시집오기 전에는, 세숫물 떠다 받치고 밥상 받쳐 주는 시녀들 속에서 자랐다. 그런데 시외가 어른들이 어머님은 사주팔자가 드세니 어려운 집에 시집보내야 장수 한다는, 그 친정어른들 고정관념 때문에 지금의 가난한 시댁으로 출가했다. 시집올 때 가마 뒤에는 어미 소에, 송아지까지 뒤따라 장관을 이루었다. 논 서 마지기도 함께, 그리고 4-5여 년 동안 자식을 둘 낳고 살면서 생활수준에서 오는 시댁 식구들과의 마찰과 갈등 때문에 많이 괴로워했다. 결국 어머님은 뛰쳐나와 친정으로 향하고 말았다. 그때의 인식으론 있을 수 없는 일이었다. 친정에서는 커다란 집과 말을 키우던 마장(馬場), 그리고 밭 이천 평도 함께 내주고 살게 했다.

　어머님을 설득하러 오가던 아버님도 자연스레 어머님 집에 눌러앉게 되었고, 처가살이 아닌 처가살이를 하면서 처갓집 식구들 눈총을 받게 되었다. 아버님은 자연히 밖으로 나돌게 되었고, 여자도 생기되었다. 그 슬하에도 여식이 태어났다. 자연히 어머님 집에 드나드는 날도 뜸해졌다. 그러는 중 어머님께도 두 시동생이 태어났다. 떠돌며 여자와 도박판에 들락거리면서 아버님은 어머님이 데리고 온 암소와 송아지는 물론 논밭도 날리고 한 동안 소식 없이 살다가 어느 날 갑자기 어머님 곁을 찾아 왔다. 결국 객지에서 깊은 병을 안고 나타난 아버님을 어머님은 반겨줄리 만무했다. 집에 온지 열흘 만에 어머님과는 한마디 말도 못한 채 끝내 이승을 하직해 버렸다. 시할 아버님은 아버님의 시신을 말 구루마에 싣고 이백리길 본가로 돌아가 장례를 치렀다.

서른셋에 청상이 된 어머님은 자식 넷을 억척스레 키웠다. 물려받은 땅에 열심히 농사를 지어도 생활이 나아지지 않았다. 넓은 텃밭은 여덟 가구 이웃집들과 경계를 이루고 있어 다툼까지 빈번해, 별수 없이 모두 팔아 면 소재지에서 음식점을 차리게 된 것이었다.

첫째 아들이었던 남편은 부잣집 외가에서 거의 자라다시피 했다. 그 외갓집에서는 무엇이든 그의 마음대로였다. 그는 장성해 국방경비대(1946년 1월 창설한 우리나라의 군대. 오늘날의 국군의 모체가 되었다.)에 지원했고 군복무 중에 상사를 구타해 현금으로 보상하고 6·25 발발 직전에 제대를 했다. 그런 관계로 좌익세력에 쫓겨 다녔다. 어머님도 공회당에 끌려가 죽음 직전에 있었는데 좌익 편이 된 남편의 절친한 친구가 옛정으로 몰래 도망시켜줘서 구사일생으로 살아났다.

휴전이 되고 몇 해 지나 그는 지방 신문사에 다녔다. 어머님은 그에게 무명천에 물감을 들여 슈트를 만들어 입히고 백구두를 사 신겼다. 그런 정성은 아마 어머님이 아들 사랑의 극치와 집착이 아니었을까 싶다. 그런 훤칠하고 출중한 외모에 백구두 슈트 차림의 신사는 보기 드문 시골의 명물이었다.

나도 그의 그런 외모에 반해 서두른 결혼이었다. 콩깍지가 내 눈에 씌어 너무나 멋있어 보였다. 별도 따주겠다던 그의 약속은 아이가 생기면서 딴 여자를 품기 시작했다. 어머님 가게의 색시들을 남편이 먼저 품어본다는 소문이라며 이웃새댁이 귀띔해 주었다. 확인 차 그가 들어 있는 방문 창호지에 침을 바르고 손가락으로 구멍을 뚫어

신남 댁 이야기 • 145

들여다보다가 두들겨 맞기도 했다. 어머님은 그런 남편을 나무라기는커녕 오히려 잘난 남편과 살고 있으니 잘 받아들이라 호통 쳤다.

나는 머슴이었다. 어머님의 서슬 퍼런 칼날 앞에 그의 바람기와 폭력, 호통에 나는 꼼짝 못하는 노예가 되었다. 이웃사람들은 나를 바보인줄 알았단다. 그는 걸핏하면 어머님께는 물론 나 몰래 친정아버지께로 가서 돈을 요구했다. 친정아버지는 내가 무남독녀라 있는 대로 내어주곤 했다. 어머님도 그의 시달림에 못 이겨 빚을 내서라도 요구에 항상 응해 주었다. 아이 셋을 키우며 매서운 시집살이에 힘든 식당일에 견딜 수 없었다. 결국 퉁퉁 불은 젖가슴을 싸 메고 보따리를 싸서 친정으로 향했다. 그 삼일 뒤 남편과 어머님이 젖먹이를 안고 친정으로 와서 두 손 모으는 것이었다.

얼마 뒤 그의 망나니 놀음에 하늘이 노했는지 그는 간암이라는 병명을 받고 몸져 누워버렸다. 그가 병이 난 건 내 잘못이고 내가 들볶아서 병이 났다고 역정을 내는 어머님이였다. 가진 것 없이 집 하나로 장사를 해서 연명하던 형편이었지만 어머님은 그를 살려야겠다는 일념으로 빚을 내서 서울 대학 병원으로 오르내렸다. 7년의 눈물 겨운 간병도 소용없었다.

1970년 2월, 초등학교 졸업을 앞두고 중학교로 진학하는 큰아이에게 교복을 입게 하고는 물끄러미 쳐다보더니 '아이고 저걸 두고 어찌 죽냐' 며 눈물을 흘렸다. 끝내는 큰시동생에게 "내 아이들을 부탁한다." 는 마지막 말을 남기고 떨꺽 숨을 거두고 말았다. 그때가 내 나이 서른여섯, 아이들은 네 살, 일곱 살, 열두 살이었다.

  이제 두 청상 고부 집이 된 것이다. 평소 내게 몹쓸 짓을 했던 그였지만 좋은 기억도 있어 그리웠다. 강직한 시동생은 남편의 유언을 지키기 위하여 어머님과 우리 네 식구를 시동생 직장이 있는 강릉으로 이주시켜주었다. 세심하게 돌봐주는 시동생 덕에 밥을 굶지 않았다. 매달 시동생 월급봉투 받기가 미안했지만 어쩔 수 없었다.

  그러구러 세월이 흐른 뒤 반찬값이라도 벌어보겠다고 마당가에 구멍가게를 열었다. 그도 내 장사수단이 없어 그만 두게 될 무렵 사람들은 앞집 교장선생님과의 불륜 설을 들고 나왔다. 아직 젊고 혼자 몸이라 그분에게 호감은 있었지만 팔자를 고치고 싶은 마음은 없었다. 기자들이 찾아 왔지만 그냥 흐지부지 좋게 끝났다. 그 먼저 시누이도 세상을 뜨고 교사가 된 작은시동생은 그 처갓집에서 쌍둥이 아들을 낳아 기르고 있었다.

  그 무렵 가정사 때문에 노총각이 되었던 큰시동생이 참한 규수를 만나 결혼식을 올리고 주말 부부가 되었다. 3개월 뒤 동서도 우리 곁으로 전근되어 옆집 단칸방으로 살림을 차리게 되었다. 동서가 임신하게 되자 어머님은 한집에 모여 살자했다. 역시 우리 생활비는 큰시동생 봉급에 의존했고 우리아이들 학업도 동서 네가 이어주었.

  생활비 절약의 방편으로 한집에 모여 살게 된 것이 15년, 나와 어머님은 동서네 아이를 돌봐주었고. 동서와는 눈 한번 흘기지 않고 살았다. 그 후 동서 네가 새집을 짓고서야 독립했다.

마카오지 마우야

　신축년 하얀 소의 해, 첫날이다.
　새벽 2시 코로나19는 바닷가 해맞이 객들을 쫓아내는 진풍경을 연출시킨다. 체감온도 영하 25도다. 매스컴에서는 어제부터 해맞이를 자제해달란다. 동해안 각 지자체에서도 해변의 공영주차장에 모두 통제 선을 둘러치고 주차금지 시켰다.
　떠오르는 태양의 금빛을 가슴에 담으려는 서민들의 작은 소망을, 코로나는 야멸차게 통제선 밖으로 밀어내고 있다. 공무원들에게는 "나가 주세요." 를 꽹과리 치듯 외치게 하면서 노루뜀 시킨다. 그 모습에서 투우경기가 연상되며 영하의 애잔함을 느낀다.
　관광객들은 해변의 지평선에서 뿜어 올리는 붉은 기운의 벽참을 호텔이나 모텔 좁은 창에서 맞이한다. 해마다 바닷가로 나가던 마을 주민들도 뒷동산에 올라 나목 사이로 흰둥이 소의 우직하고 순박한 상서로움을 가슴으로 맞이하며 한해의 안녕을 기원하는 마음들이다.

　다섯 명 이상 모이면 안 된다. 따로 사는 아들딸 가족 다섯 명이 모여도 안 되고 식당에서도 모르는 척 따로 앉아 먹고 계산도 따로 해야 한다. 이웃도 지인도 마주 보면 안 되고 손도 잡으면 안 된다. 권투선수마냥 주먹을 내민다. '주먹을 쥔 손으로 악수할 수 없다' 는 말이 있는데도 말이다. 명절에야 볼 수 있는 손자도 며느리도 보면 안 된다. 목줄 달린 새끼강아지 마냥 집안에만 있어야 한다. 무조건 만나서는 안 된다니 정을 다지는 가장 좋은 방법은 마주보며 먹는 일인데 코로나는 사람의 가장 소중한 정을 빼앗아 버렸다.

　코로나는 의료업 종사자는 물론이고 공무원들에게도 벅찬 일감을 안겼다. 나라와 지자체에서 모든 국민들에게 1, 2, 3차 재난지원금, 1, 2, 3, 4차 소상공인 지원금, 손실보전금, 손실보상금, 농어업 인수당과 직불금, 여성농업인 바우처 수당, 그리고 한시적 실시하는 농어 임가 지원금, 고령농업인 농작업비 보조금, 등 명칭도 혼돈되는 지원금 산출을 밤 새워가며 작성하고 통보 배부케 했다. 태양의 이글거리는 화톳불이 정수리에 곤두박질치던 지난여름날, 공무원인 아들도 방호복에 소독약통을 등에 메고 이리저리 뛰었다. 다른 나라에 다녀온 낯 모르는 이를 24시간 모니터링으로 따라다니다 사라지면 그 숙소를 찾아갔다. 또한 거리두기로 금지된 영업장 유무를 확인 차 밤늦게 골목과 매장들을 기웃거리기도 했다.

　몇 해 전 조류독감 때는 날개 달린 닭들과 오리들을 살 처분했다.

구제역이 온 나라를 뒤덮었을 때도 수많은 소들과 돼지들의 생명을 땅에 묻었다. 외양간 문을 여는 순간 수백 소들의 눈동자는 일제히 방문자에게로 향했다. 말 못하는 짐승들이지만 생의 마감을 직감하고 눈물을 흘리는 소들도 있어, 애처로움을 넘어 소름 끼치는, 그 섬뜩함에 몸서리쳤고 흉하고 끔찍한 일도 목격했다. 심한 죄책감에 극단적 선택을 하는 공무원도 있어 더욱 가슴을 아프게 했다. 외상 후 스트레스로 오랫동안 약을 복용하는 이도 있다.

며느리는 번역일과 각 기관 단체에 강의 및, 방과 후 학생지도를 한다. 그런데 지난해에는 휴교 내지는 폐강으로 수입이 없었다.

프리랜서인 딸도 모든 수입원이 1/10로 줄어 편의점 아르바이트를 한다. 그 면접을 보고 돌아오던 날 5:1 경쟁률에 안타까워 사장께 부탁 전화를 했다. 그도 한 달이 지나자 일주일에 이틀, 다섯 시간씩만 한다. 더는 못 버티고 노후의 보루인 하나 밖에 없는 조립식가게를 팔았다. 부동산에 내놓자 서로 사겠다고 해서 일주일 만에 팔렸다. 세금 47%를 냈다. 생각 없이 저지른 대가다. 팔고 돌아서니 세 배로 뛰었다. 흐르는 강물에 떠내려 보낸 기분이다. 남편의 피땀과 빚을 내서 버겁게 장만한 건물이라 애착이 많이 갔었다.

다시 생각했다. 내가 낸 세금이 많긴 하지만 맏동서와 조카들이 30여 년간 생활보호대상자로 지내며 나라의 덕으로 살아가고 있지 않은가. 상쇄하는 마음으로 접으니 편해졌다. 지난해도 올해도 세금이 목표치보다 더 많이 걷혔다한다. 그 세금이 국민들에게 골고루 혜택이 돌아가도록 위정자들이 처리했으면 한다.

　코로나는 인간이 키웠다. 자연을 함부로 한 대가다. 이윤만 추구된다 생각하면 허물고 베고 뒤집고 버리기를 서슴지 않는다. 앞으로는 전쟁보다 더 무서운 게 전염병 창궐이란다. 지금은 코와 귀를 막아 숨쉬기만 어렵지만 앞으로는 눈과 귀도 막고 살아야 할지 모를 일이다. 자연의 은혜를 배은망덕한 벌이라 생각한다. 인디언 체르키족의 추장 '구르는 천둥'의 말을 빌리고 싶다.

　"인간이 한 장소를 더럽히면 그 더러움은 전체로 퍼진다. 마치 암세포가 온몸으로 퍼지듯."

　내 증조할아버지께서는 농한기에 심마니로 산을 타셨다. 산으로 가시는 날엔 찬물로 목욕재계하고 용변도 집에서 보고 참았다 돌아와 보셨다. 바꾸어 생각해보면 옛 어른들은 그만큼 자연을 아끼고 함부로 대하면 안 된다는 자연의 소중함을 이미 알고 있었음이다.

　이번에 COVID-19를 겪으면서 세상 모든 존재들과 어떻게 공동체를 이루면서 함께 살아가야 되는지를 COVID VIRUS가 가르쳐 주었다. 이제 방역체계가 WITH CORONA인 것을 보면 삼라만상 모든 존재, 하다못해 바이러스와도 공동체를 이루면서 살아가야 한다.

　우리나라도 곧 백신이 개발되어 나온다한다. 반가운 소식이다. 사람들의 생각과 생활습관을 바꾸어 놓은 코로나다. 코로나로 바퀴어진 좋은 생활습관도 있다. 직장에서도 직위에 관계없이 각자의 의견을 존중하며 조율하는 문화가 형성되어 가고 있는 추세다. 특히 폭탄주에 잔을 돌리는 술 문화가 사라지고 있다는 좋은 소식이다. 코로나 이후에도 지켜나가야 할 바람직한 문화다. 여가활동도 건전하게 바뀌고 있다. 권장해야 할 것이다.

문학도 지구환경에 대하여 관심을 가져야한다. 자연과의 교감을 통하여 자연이 본래 시절 인연의 모습으로 돌아갈 수 있도록 생명과 환경보호에 힘써야할 것이다.

코로나는 정 그리움을 남겼다. 만남이 얼마나 소중한가를 알게 해줬다. 만남은 기쁨이지만 기다림 또한 행복이다. 모두들 어려우니 어쩌랴 방법이 없다. 기다리는 수밖에, 엄마는 부탁한다. "마카(모두)오지 마우(마세요)야" 라고.

하루속히 코로나가 물러가고 따뜻한 봄날이 귀빈처럼 찾아오기를….

노인은 도서관

지인들과의 정규 모임 날이다. 한참 맛있게들 점심을 하고 있는데 옆 탁자 손님의 말소리가 귓전을 울린다. 스피커폰으로, 그도 꽤 오랜 시간 통화다. 듣기 싫어도 들어야 된다. 참 딱하다는 생각이 들었다.

이십오 육 년 전 일이다. 마트에서 휘둘러 장을 보는데 주머니에서 톡 신호음이 울렸다. 친구에게서 온 문자였다. 어서 답해 줘야겠다는 생각에 구석에 쭈그리고 앉아서 문자를 넣었다. 지나가며 상품을 정리하던 직원이

"어머! 할머니, 핸드 폰 문자하시네요." 한다.

동물원 원숭이 구경하듯 내려다본다. 순간 이 말을 어떻게 해석해야 할까.

노인이 폰 문자를 하니 놀랍다는 해석과 무조건 늙은이들은 무엇이든 못할 거라는 선입견이 섞여 있을 거란 생각에 쓸쓸함을 느끼며

속으로 인터넷도, 이메일도 하는데, 하며 쓰윽 웃은 적이 있었다. 지금이야 어느 노인이든 다 스마트 폰으로 톡을 주고받는 게 일상이 되었다.

엊그제 일이다. 수영장에서 수영을 마치면 으레 샤워를 한다. 조금 젊어 보이는 여자, 하는 말.
"노인네들은 조용한 시간에나 오지, 복잡한 시간에 같이 어울려."
"나도 그쪽만큼 바쁘다오." 옆에서 듣고 있던 노인의 말이다.
" 물 아끼세요." 젊은 여자 당돌하게 덧붙인다.
"아니, 나 물 허투루 안 쓰는데." 노인의 여유 있는 대답이다.
"아이고 노인네, 그럼 그런 줄 알아야지 말이 많아." 다시 젊은 여자, 무례하다.
"그쪽도 노인 다 되었구먼." 곧 싸움이 날 것 같다.
"노인네, 잔소리. 노인이 왜 그리 고집이 센지, 시키는 대로 안하고." 젊은 여자, 싸움닭 태세다. 윽박지르고 앙칼진 말투다.
"나 원 참. 수영장 십년 넘게 다녀도 이런 망신살 처음이네."하면서 나가버린다. 그 노인네 잘 참는 것 같다.

그 예전 인디언들은 노인 한명이 사망하면 그 지역의 도서관 하나가 폐관되는 격이라 했다. 그 원주민들은 문자가 없어 기록을 남길 수 없고, 나이든 노인들의 머릿속에 연륜과 인문이 다 들어 있어 구전으로 전하기 때문이라고 했다. 그 만큼 노인들을 존경하고, 노인들 살아온 삶이 젊은이들 삶에 이어져 역사를 이어간다는 것이다.
  노인의 사전적 의미는 나이 들어 늙은 사람을 말하지만, 어르신은 나이 듦에 책임을 다하고 격에 맞는 생각과 행동으로 젊은이들과 사회에 모범을 보일 수 있어야 된다고 한다. 인디언들이 노인을 도서관에 비유하듯. 나는 과연 어디쯤에 와 있을까.

아버지의 유산

아버지!

당신 살아가는 최대 인생목표는 자식들 배움의 뒷바라지였었다. 지혜의 안목을 자녀들 머리에 넣어주고, 스스로 고기 잡는 방법을 터득할 수 있게 해 주셨다. 희수(喜壽)가 된 딸이 해마다 아버지 제상 앞에서, 그리고 제관들 앞에서 고마움의 편지를 띄운다.

대한청년단 장이었다는 이유로 황급히 떠난 6·25 피난길, 안동김씨 집성촌, 묵계에서 둥지를 틀게 된 아버지. 그 문중 광활한 종토를 빌려 펜대만 잡던 손에 원예 농사를 시작했다.

여덟 살 소녀는 부모님이 불쌍하다고 생각했다. 무언가 돕고 싶었다. 한번은 밭일 나간 어머니를 편하게 해드리고 싶은 동심에 쌀을 씻어 양은솥에 안치고 불을 지폈다. 그런데 놀랍게도 밥이 되었다. 저녁때 돌아오신 어머니께서 매우 좋아하시며 이제 다 키웠다고 하셨다. 아버지도 맛있다고 칭찬의 꽃다발을 한 아름 안겨 주었다. 신이 난 소녀는 그때부터 저녁밥 짓기가 기쁨이 되었다.

　소녀는 예닐곱 살부터 동생들을 업었다. 어머니는 일하기 위해 여섯 살 아래 동생을 업혀주곤 앞뒤로 X로 띠를 두르고 매듭을 뒤로 맺어놓았다. 동생을 업은 채 하루 종일 부모님이 김매는 밭 주위를 맴돈다. 소녀는 업힌 동생에게서 등짝을 물어뜯기고 머리카락을 쥐어 뽑히기도 했다. 가끔 어머니는 너무 어린 걸 애보기 시켜 미안했었다고 회상하신다. 둘째동생은 잠잘 때도 소녀의 등에서 잤다. 눕히면 영락없이 깨어나 앙앙 울어서 다시 들쳐 업어야만 곧바로 새근새근 잠들곤 했다. 동네별 계주 연습으로 셋째동생을 풀숲에 눕혀놓고 한참 뛰다가 와보니 개미들이 온몸을 까치버섯밭으로 만들어 놓고 있었다. 소녀는 학교에 머무는 시간 외에는 동생들을 돌보고 집안일을 돕는데 온통 시간을 보냈다. 소녀가 도우면 부모님이 편하실 거란 생각에 무슨 일이든 열심히 도왔다. 그런 습관이 지금도 놀면 허전하고 불안하다.

　5·6학년이 되면서 농사철에는 아버지 일손도 많이 도왔다. 축구장 20배 크기의 밭에 씨앗 넣는 일은 늘 소녀가 맡았다. 아버지가 가르쳐준 대로 엄지와 검지로 집어서 떨어뜨리면 한 번에 한 구덩이 속으로 어김없이 서너 알씩만 들어갔다. 어른 몫을 한다며 칭찬하셨다. 어느 날 아버지와 같이 수박을 심고 오니 어머니가 '오늘은 어린이날' 인데 일을 시켜 미안하다고 맛있는 빵까지 해주셨다. 6학년 가

을 추석날 오후, 그 유명한 태풍 '사라' 가 전국을 황톳물로 뒤덮었다. 잘 가꾸어진 소녀네 집 바다 같은 배추밭도 반은 휩쓸려 나가고 남은 건 온통 진흙범벅이 되었다. 일주일 동안 아버지와 함께 배춧잎 속의 흙먼지를 털어내느라 등교할 수가 없었다.

그러구러 10여 년이 넘어 1962년 귀향해서도 아버지는 수박농사는 계속되었다. 연곡면에서도 원조였다. 고향에 돌아오면서 고등학교에 진학한 소녀는 중학생이 된 동생과 시내에서 자취를 했다. 주말이나 방학 때면 아버지 일손을 거들었다. 토마토 줄기를 짚으로 지주목에 매어주거나 새끼줄을 띄워 오이넝쿨을 섶에 올려주는 일을 했다. 또 어린 수박들을 똑바로 앉혀주거나 참외를 뒤집어주느라 조금도 쉴 틈이 없었다. 소녀가 제일 싫어했던 일은 따비를 새끼줄에 걸어 어깨에 메고 소 노릇을 대신하는 일이었다. 때론 어머니와 같이 겨릿소 노릇도 하고, 인분을 담은 귀때동이를 머리 위에 얹고 뒷밭으로 나르기도 했다. 사춘기 시절, 눈앞에 보이는 소금강의 관광객들은 마음속 시샘의 대상이었다. 아니, 동경의 세계였다. 여름날 저녁이면 일찌감치 마을 앞으로 흐르는 강물에 멱을 감으러 나가는 또래를 부러워했다. 늦은 밤 앞도랑에서 바가지 목욕을 하는 소녀는 칠삭이를 생각하며 미소 짓는다.

식 때만 되면 찾아오는 칠삭이. 뜰아래 쭈그리고 앉아서 소녀네 식구들이 둘러앉아 식사하는 모습을 부러운 눈으로 쳐다본다. 절대 밥 달라는 말은 하지 않는다. 어머니가 올라오라며 밥사발을 내밀면 자기 엄마 갖다 준다고 뒤뚱거리며 잰 걸음으로 나간다. 소녀도 자신이 돕는 만큼 부모님이 편해지겠지 하는 생각이다.

　아버지는 엄하셨지만 다정다감도 하셨다. 요즘 이웃 어른으로부터 "자식 머리에 글 넣어 주면 누가 빼가지는 않겠지." 하시더라는 아버지의 말씀을 전해 듣고 새삼 아버지를 생각 한다. 자식교육에는 불광불급(不狂不及), 살신성인이었다. 그 어려운 피난시절에도, 힘들었던 보릿고개에도, 때론 교장 선생님 찾아가 잎새달(4월), 밭에 수박 참외 잔뜩 심어 놨으니 견우직녀달(5월)까지만 외상공부 시켜 주이소. 하소연도 했고. 전입학금을 장리쌀 빚으로 조상 답을 문중에 들여 놓으면서까지 소녀의 학업을 이어주었다. 여자라서 학업은 뒷전으로 밀려날 법도 했을 시절인데….

　삼남매가 교육 공무원이 되어 푸른 계절이 이루어지던 때 아버지는 위궤양으로 자리에 누운 지 스무날째, 예순을 일기로 주무시듯 우리 곁을 떠났다.

　돌이켜 생각해 보면 아버지는 소녀에게 근면과 성실, 그리고 인내라는 계산할 수 없는 막대한 유산을 물려주신 것이다. 그 유산이 내 삶 속에 녹아 버팀목이 되었고 항상 뚝심으로 움직이게 해 주었던 것이다. 그 바탕이 두 청상고부와 세조카들, 아홉 식구가 한집에서 셋방살이 15년, 모진 시집살이도 견뎌내지 않았던가. 묵언의 동반자였고 딸에게는 등만 보였던 어머니 또한 시집가는 딸에게 "신랑 들어오면 쫓아나가 맞지 말고, 애 낳으면 예쁘다고 빨지 말고, 조카들을 네 자녀처럼 생각해라." 는 당부를 잊지 않으셨다.

　부모님 기일은 가족의 융합과 우애의 구심점이고 집안의 연중 큰 행사다. 아버지의 선각자적 사고와 희생은 네 자녀 모두에게 눈 뜸과 강인한 정신적 유산을 안겨 주었다. 그 유산이 내 삶의 바탕에 농밀하게 녹아 있었음을 새삼 깨닫는다.

퇴임식에서

초록을 떠나보내는 이 가을에 이별의 정한을 노래한 이형기 시인의 시가 생각납니다.

"가야 할 때가 언제인가를
 분명히 알고 가는 이의
 뒷모습은 얼마나 아름다운가. ……"

지금 이 시간이 제 생애 좋은 추억으로 남을 것입니다. 저는 30여 년간 꽃씨를 뿌렸다고 생각했지만, 이별 앞에서야 교육이 무엇인지 알 듯 한, 정이 가슴 깊이 스며집니다. 다시 되돌아간다면, 아이들의 눈빛만으로도 그들의 마음을 읽어, 더 많은 꽃씨를 뿌려, 아름다운 봉오리들을 틔울 수 있을 것 같습니다.

꽃은 지는 것, 이는 더 큰 열매를 맺기 위한 것입니다. 지금의 이별이 한편으로는 미로의 세상 속으로 모험의 여행을 떠나는 것 같습니다. 바람에 흔들리고 바람에 눕는 하나의 풀잎도 가을이 되면 뿌리로 돌아가듯이, 그런 마음으로 거스르지 않고 물 흐르듯, 험한 산이 있으면 돌아서라도 세상 속으로 여행을 하렵니다. 끝으로 가을이라는 시로 저의 마음을 대신합니다.

가을

떠난다

풀빛 하늘을 드리우더니
어느새 떨어진 잎잎이
흙에 곰삭아 뿌리로 가는 한철
강물 따라 흐르는 갈잎에
저녁놀 함께 묻어난다

5부

닭은 알고 있다

감사의 기도
노후자금을 앗아간 COVID-19
외상공부
안동 그 유년의 그리움으로 I
안동 그 유년의 그리움으로 II
칭다오를 찾아서
닭은 알고 있다
여전하신가요
공원 같은 학고재 납골묘

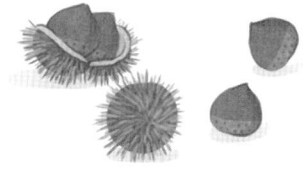

감사의 기도

며느리가 수술을 받았다. 테니스를 치다가 왼쪽 발목 아킬레스건이 파열되어 6주간의 통깁스를 해야 한다고 했다. 처음 1차, 모 정형외과의원에서 발목이 접질렸다는 진단으로 반깁스를 한 달이나 하고 지냈으나 차도가 없어 다른 정형외과의원을 찾았다. 아킬레스건이 끊어졌다며 큰 병원을 권했다. 2차병원에 갔다. 아킬레스가 끊어진 지 오래되어 안 쓰는 건을 떼어 붙여야하는 수술을 해야 되는데 경험이 없어 못한다며 3차 병원으로 가라했다. 다시 3차 병원 응급실에 가서야 3시간의 수술을 받았다. 허벅지까지 이중 통깁스를 한 환자의 발가락은 먹빛이고 찐빵처럼 부풀어 있었다. 특히 화장실로의 휠체어 이동은 불편 그 자체였다. 낮 동안은 내가 보호자석의 주인이 되었다.

병실의 케텐 속, 이웃 병상에서 일어나는 일들은 자연스레 짐작하고 알게 된다. 혈압이 200을 오르내리는 젊은 환자, 투석을 하며 신장이식을 기약도 없이 기다리는 환자, 섬망으로 횡설수설하는 환자, 의미 없이 목숨만 이어가는 노환자 등. 그래도 우리 환자는 시간만 필요할 뿐 생명에는 걱정 없지 않은가. 문득 남편이 위암 4기 진단을 받았을 때 창밖으로 보이던 거동이 불편한 환자가 얼마나 부러웠던가. 팔순을 바라보는 이 나이에 자식들의 울이 될 수 있음에 무한한 감사의 눈물을 흘린다. 밤에는 직장에서 돌아온 아들이 병상을 지켰다.

나는 아들 며느리와 함께 살아간다. 아들 며느리의 퇴근 시간에 맞추어 즐겁게 식사준비를 한다. 그들이 퇴근하면 바로 식사할 수 있도록 만반의 준비를 해놓는다. 식탁에 둘러앉은 식구들이 내 손으로 만든 음식을 맛있다고 잘 먹어주는 모습에 으쓱해진다. 칭찬에는 고래도 춤춘다는 말이 있듯이, 다음날 식 때를 준비하며 마트로 달려가곤 한다. 움직이는 게 내 건강에 도움이 되고 가족의 일원으로, 또한 아이들 울타리가 될 수 있다고 생각하면 행복해진다. 건강이 지켜지는 한, 돕고 싶다. 때론 귀찮을 때도 있고, 퇴근해 오자마자 앉아서 밥공기를 건네받는 며느리가 야속할 때도 있지만, 내 딸도 내 집에 오면 그러는데, 하면 마음이 가라앉고 편해진다.

며느리는 목발과 휠체어를 타면서 견디고 있다. 양말도, 신도 신겨줘야 한다. 며느리 몫이던 설거지도 내 몫이 되었다. 사흘에 한 번씩 소독하고 붕대를 다시 감는다. 평상복도 속옷도 세탁기에 돌려준다. 어제는 속옷도 한 묶음 사서 안겼다. 그래도 많이 안 다쳐 천만 다행이다.

나는 허리가 많이 안 좋다. 수술도 안 된단다. 그래서 병원에는 잘 가지 않는다. 통증은 참을 만하기 때문이다. 병원에선 노인성, 퇴행성이라고 진통제만 잔뜩 처방해준다. 다행히 앉아서 하는 일은 통증이 없고 수월하다. 서면 통증이 몰려와 서있기 힘들고 걷지를 못한다. 허리뼈가 굽어있다. 그러나 허리 통증으로 일상의 일을 놓치지는 않는다. 이동은 언제나 자동차가 한 몸 반려자다. 오랜 운전이었고 주행거리가 길어 젊은이 못지않다.

내 일상은 대체로 아침에 눈을 뜨면 경을 읽고, 신문을 본 다음 아들 며느리의 아침을 간단히 챙겨준다. 그들의 출근과 동시 청소가 시작된다. 다음은 등교하듯 수영장에 가서 아쿠아로빅 강습과 수영으로 오전 시간을 보낸다. 물속에서는 쉽 없이 천 미터 헤엄도 거뜬히 하고 허리도 아프지 않아 두어 시간도 움직일 수 있다. 동료들이 물개라고도, 인어공주라고도 부른다. 물에서는 펄펄한데 물 밖에서는 후줄근하다고 놀린다. 때론 어울려 점심과 차담을 나누기도 한다. 돌아와 책과 더불어 손잡고 노닐거나 떠오른 글감을 컴퓨터로 옮기기도 한다. 잠시 휴식을 취하면 이내 저녁 준비가 시작된다. 하루가 빛의 속도로 지나간다.

생각해보면 나는 허리 통증 외는 일상의 생활이 순조롭다. 내가 지금의 건강상태를 유지할 수 있는 것은 어려서 왕복 30리 길의 등하교와 항상 움직이게 했던 아버지의 엄한 교육이 내 기초체력을 높여주었지 싶다. 아직까지 허리 아픈 것 외는 감기 한 번 없고 큰 병 없이 무탈하게 지냈으니 가정적으로나 국가적으로도 의료비에도 기여하지 않았을까.

　오늘도 움직일 수 있음에 행복하고 살아있음에 감사의 기도를 올린다. 어디 감사의 기도 올릴 일이 한두 가지인가. 모든 것이 다 감사할 뿐이다.

노후자금을 앗아간 COVID-19

30년 전이다.

변두리 허름한 조립식건물을 구입했다. 남편의 퇴직금에 나도 대출을 내고, 개인 빚도 얻어 보태서 인생 최초, 최대의 자산을 이룩한 것이었다. 대지 63평, 아래 위층 연면적 70평, 노후의 보루로 생각하고 버겁게 장만했다. 구입 당시는 무용지물로 막혀있던 철도지만 미래에는 역세권이 될 거라는 희망도 있었다. 무엇보다 정면 4차선 측면 2차선인 ㄱ자 도로를 낀 건물이었다.

매입했을 당시 남편은 안전이 염려되어 상당한 금액을 들여서 건물 중심부에 빔을 세워 폭설에도 끄떡없었다. 비가 새는 지붕도 포항강철 강판으로 다시 덮었다. 수도, 전기시설도 다시 보완했다. 변두리고 조립식이라 저렴한 가게 세에, 주로 영세 자영업자들이 자제 창고로 사용했다. 몇 해 전부터는 시청에서 정면 도로 양편에 무료

주차 선을 그어주어 주차하기도 참 좋다.

  남편은 재산이 둘뿐이니 살고 있는 집은 아들에게 가게는 딸에게 상속하겠다고 말하곤 했었다. 남편 명의로 이십년 이어오던 건물이었고 남편이 세상을 버리면서, 나는 아이들 몰래 그 말을 실천에 옮겨 상속 절차를 밟아버렸다. 아이들의 인감도장이 모두 내게 있으니 내 스스로 서류를 작성해 법원에 가서 등기 완료했던 것이다.

  프리랜서로 일하던 딸은 코로나 19로 수입이 단절되자 막막해서 나를 조르기 시작했다. 건물 앞면과 옆면만 고쳐서 찻집을 내겠다고. 열심히 벌어서 수리비는 갚겠다고, 평소에도 너무 낡아 수리를 해야겠다는 생각을 하고 있었기에 나도 동의하고 업자와 계약서를 썼다. 업자가 건물 앞면과 측면 벽을 뜯어놓았다. 그리고는 건물이 노후해 수리가 안 되니 다시 지어야 된다고 했다. 철근이 녹이 나고 휘어져서 수리해도 얼마 못가서 무너질 거라 했다. 건축사한테 안전을 의뢰했지만 망치로 탁 치면 쓰러지겠다했다. 수리하려고 건넸던 계약금 천오백만원을 결국 날렸다. 새로 지어야 하겠다는 결론을 내고 은행대출을 알아보고 여기저기로 뛰었다.

  주위에서는 나이 들어 빚지고 건물 지으면 안 된다고들 팔기를 권했다. 생각해보니 나도 빚지고 건물 짓기 겁났다. 딸도 아들도 엄마 아빠가 힘들게 장만한 것이니 엄마 마음대로 하라했다. 30년을 소유했으니 세금은 얼마 되지 않을 거라 생각했다. 아무 생각 없이 부동산에 내놓았다. 재투자할 계획도 재산 증식할 재주도 없으면서….
서로 사겠다고 해서 일주일 만에 팔렸다. 움켜쥐었던 보물을 빠르고 물살 센 강물에 떠내려 보낸 기분이었다. 팔고 돌아서니 역세권이 되었고 두 세배로 껑충 뛰었다.

마음이 허전하다. 딸의 노후 보루이던 가게, 희망을 앗아간 COVID-19다. 양도세 47%를 냈다. 건물 명목이 '근린 상가' 라서 그렇단다. 남편의 피땀과 빚으로 난생처음 버겁게 장만한 단 하나 재산이라 애착이 많이 갔다. 세금내고, 수리비와 계약금 날리고. 30년 전, 처음 매입 했던 원금만 되찾은 셈이다. 30년 동안 땅값, 집값이 천정부지로 올랐는데 말이다.

앞면과 측면을 뜯고 깨끗이 청소해 놓았던 건물 매입자는 그냥 그대로 보수해서 24시간 운영하는 멋진 생활마트로 탄생시켰다.

다시 생각했다. 내가 낸 세금이 과하다 생각 들지만 그래도 본전치기는 했으니, 상쇄하는 걸로 마음을 접었다. 내가 쳐놓은 집착의 그물에서 빠져 나오려고, 금강경 사구게, 마지막 게송을 자꾸만 되뇌본다. 일체유위법 여몽환포영 여로역여전 응작여시관(一切有爲法 如夢幻泡影 旅路亦如電 應作如是觀)~~~. 어떤 것을 이루어도 결국은 꿈, 허깨비, 물거품, 그림자, 이슬, 번개와 같이 사라진다는 것을 …….

외상 공부

전선에서는 총소리가 요란했다.

피난으로 연령이 초과된 나는 초등학교 2학년에 입학했다. 휴전 후라 교사(校舍)가 없어 묵계서원을 빌려 공부하다가 4학년 때 신축 교사로 이전했다. 학교생활의 절반은 노역에 동원되어 교사 주위를 가꾸었다. 6학년 운동회 때에는 담임 선생님이 면소재지 학교에서 풍금을 빌려와 운동장에서 즉석 반주로 무용을 했다.

1960년에 폐교되었던 길안중학교가 안동중학교 길안분교로 개명되어 개교되었다. 벽촌 묵계초등학교 29명 졸업생 중에서 나 혼자만 중학교에 진학했다. 50명 중 여자는 아홉 명, 나이들도 들쑥날쑥이다. 4월 신학기가 시작되고 며칠 안 되어 4·19 학생 의거가 일어났다. 많은 학생들이 희생되었다는 소식이 라디오를 타고 흘렀다. 가슴이 아팠다.

딸을 중학교에 입학은 시켰지만 학비 마련이 막막했던 아버지는 교장선생님을 찾아가 사정했다.

"교장 선생님요, 우리 딸을 외상 공부 좀 시켜 주이소. 지금 밭에서 수박이 잘 자라고 있으니 해오름 달까지 석 달만 참아 주이소." 집에 오셔서는

"자야, 걱정 말고 학교 가거레이, 교장 선생님이 승낙 하셨데이".

그 시절 노지 재배로만 했던 농사. 아버지는 장날 꼭두새벽 잘 익은 수박들을 소달구지에 한가득 싣고, 수박 사이사이에 볏짚을 두둑이 끼워 넣은 다음, 위로는 이엉을 덮어 새끼줄로 달구지와 한 몸이 되도록 얽어매었다. 굽이도는 길안 천, 돌서더릿길을 세 번씩이나 건너면서도 깨뜨리지 않고 내다팔아 약속을 지키셨다. 그 후로는 한 번도 월사금 납부기일을 넘기지 않으셨다.

내 통학 길은 왕복 30리 길이었다. 여름 물난리에는 등교를 못할 때도 있었고, 겨울 물속에서는 발목이 잘리는 것 같은…. 강을 건너온 발바닥은 돌서더릿길 돌멩이에 쩍쩍 달라붙었다.

내가 중학교 3학년이 되면서 우리 가족은 귀향을 서둘렀다. 웃어른들은 다 돌아가시고, 할머니와 단 두 식구이던 삼촌이 군에 입대했기 때문이었다. 안동 묵계리에서 강릉 삼산리까지 소달구지로, 버스로, 기차로 다시 버스로, 지금은 4시간 거리를 5일이나 걸렸다.

금의환향을 꿈꾸던 아버지였지만 귀향길은 빈털터리였다. 빈손으로 귀향한 아버지는 문중에서 장리쌀 두 가마니를 내었다. 그 중 한

가마니는 보릿고개 양식과 농자금으로, 나머지 한 가마니는 내 전입학금으로 충당되었다. 나는 교향리 친척집 방을 빌려 자취를 했다. 중학교를 마친 나는 고등학교 진학을 스스로 포기하고 집안일을 도왔다. 그러나 손에서 책을 놓지는 않았다. 낮에는 집안일을 돕고 밤엔 강의록, 문제집, 소설책 등, 책속에 묻혀 밤새는 줄 몰랐다.

피난지에서 짓던 아버지의 원예농사는 고향에서도 계속되었다. 고향 사람들도 수박 참외 토마토를 처음 보았고, 껍질째 먹어 웃음보도 터졌다.

그러구러 아래동생이 중학교에 진학하게 되었다. 동생 하숙비면 둘이 공부할 수 있겠다고 생각한 아버지는 2년이나 놀고 있던 내게 강릉여고에 응시케 했다. 우리남매는 김유신 장군 사당이 있는 문중 재실 골방에서 자취를 했다. 곧 갚을 것으로 예상했던 장리쌀은 남매의 학비와 연이은 동생들 진학 관계로 자꾸만 미루어지고 이자만 불어났다. 할 수 없이 아버지는 조상 답 하나를 문중에 들여놓고 '언제든 되돌려 살 수 있다'는 조건의 계약서를 쓰셨다.

1970년 나는 순백의 올망졸망한 눈망울 앞에 섰다. 동생들 학비도 보태고 결혼도 하다 보니, 장리쌀을 갚아야 한다는 생각 자체를 하지 못하고 으레 아버지의 몫으로 여겼다.

아버지는 문중에 넘겼던 조상 답을 돌려받지 못하고 위궤양으로 자리에 누운 신지 스무날, 예순을 일기로 단풍 곱게 속삭이는 밤, 서쪽하늘을 밝히는 초승달 따라가셨다.

외상 공부 • 173

생각해 보면, 아버지가 빈손으로 찾은 고향, 상처만 받았을 자존심, 한없는 고뇌, 가장으로서 짊어진 짐의 무게가 얼마나 무거웠을까. 고기를 좋아하시던 아버지, 시장에서 버리는 닭발을 얻어와 그렇게 맛나게 잡수시던 모습이, 요즘 뒷전으로 밀려나는 고기들을 볼 때마다 시린 바람이 가슴 한 구석을 깔고 뭉갠다. 내 결혼식에 그렇게 새 양복을 입고 싶어 하셨는데…. 상청에 한복 한 벌 걸어두고 통곡했다.

전쟁의 포화 속 피난 시절, 창자가 말라붙던 보릿고개에도, 조상 답을 팔아서도 내 학업을 이어주셨다. 아버지의 선각자적인 사고와 희생, 헌신으로 아버지의 딸은 듣도 보도 못한 '외상공부'를 했고 교육자로 봉직하였으며, 노후를 푸른 계절로 이루고 있음이리라. 여자라서 뒷전으로 밀려날 법도 했을 시절인데. "내 자식 머리에 글 넣어 주면 누가 빼가지는 않겠지." 하시더라는 아버지의 말씀을 이웃 어른께 요즘에야 전해 들었다. 아버지는 내게 해름에 어리는 눈물임을 새삼 깨닫는다.

안동 묵계, 그 유년의 그리움으로(Ⅰ)

　안동, 그리고 묵계. 이름만 들어도 설레고 그리운 고장이다. 묵계서원은 내 유년의 양파 같은 추억이 서린 곳이다. 그곳은 우리 가족의 6·25 피난지로 10여년이상 둥지를 틀었던 곳이고 안동 김 씨 묵계문중종토(宗土)를 빌려 수박과 참외, 배추와 무를 재배해서 자동차로 내다 팔았다. 또한 원두막에서는 겉보리와 밀로 물물교환도 했다. 뿐만 아니라 채종(菜種)씨앗도 재배해 그곳 사람들은 아버지를 우장춘 박사라 불렀다.
　그 후 귀향했지만 내 머릿속엔 묵계가 늘 이산가족 같은 그리움의 고향이었다. 아버지의 고향이 내게는 타향이었고 늘 낯설게 느껴졌다. 나는 꿈속에서도 항상 유년의 묵계에서 놀았다. 내 유년의 묵계는 늘 동경의 세계였고 찾고 싶은 고향이었으며 안식처였다. 경상도란 말만 들어도 가슴이 설레었다. 초등학교 동창회를 하는 친구들이 그렇게 부러울 수가 없었다. 결혼해서도 골이 날 때면 안동에 가겠다고 남편에게 떼를 썼다.

2005년 여름, 남편은 느닷없이 가족 여행을 안동으로 가자는 것이었다. 내게는 유년의 추억을 소환해주고 아이들에게는 선비문화도시 안동을 탐방해, 안목을 넓혀주겠다고 생각해낸 모양이다. 아들이 운전과 안내를 맡고 딸은 재무출납을 맡았다.

처음 "호계서원"을 찾았다. 잠시 머물렀던 곳, 지도에서 짚어가며 기억속의 임하면 금소의 초등학교, 입학 며칠 후 피난민이라고 놀려주던 아이의 머리채를 잡고 대청마루 격자문 돌쩌귀에 처박아 패주고는 도망 쳐 나온 후 다시는 가지 않았던 기억에서다.

다시 임하댐을 견학하고 그리운 묵계로 달렸다. 도중에 길안 장터에서 향토음식인 골부리 국으로 점심을 했다. 비가 올듯하면 강바닥자갈돌에 까맣게 나붙던 골부리를 쓸어 담듯 바구니에 채우던 생각이 났다.

우리가 살았던 옛집 앞에 섰다. 전면이 조금은 개조되었으나 그대로 남아있음에 환호성이 절로 나왔다. 분명 50~60년 전에는 반듯한 목조건물에 넓은 마루였는데 볼품없이 나지막하게 엎드려 있었다. 주인이 출타중인 것 같았다. 주변이 많이 변해 있었다. 46년 만에 돌아보는 유년의 고향은 내 머리속에 그 시절이 판화처럼 새겨져 있다. 너른 마당 밖으로 신작로가 있었고 그 옆으로 식수와 농수로로 쓰던 큰 도랑도 있었다. 지금은 그 도랑이 복개되어 도로가 되어있다.

술도가였던 옆집으로 갔다. 가정집으로 개조되었다. 주인은 아버지를 기억하고 있었다. 모교와 동기생들의 안부를 물었다. 모교는 3년 전에 폐교되어 길안초등학교로 통합되었고 고향을 지키는 동기생은 없다했다. '길안닷컴' 이라는 농산물 유통 홈페이지가 있으니 찾아보라 일러 주었다. 겉보리 앗던 50년대, 술도가 마당 멍석 위에 안개꽃같이 김을 피우던 입쌀술밥을 화등잔 눈으로 바라보며 침을 꼴깍거렸었다. 마당에 있던 큰 감나무는 구새 먹은 고목이 되어 밑동만 남아 있다. 감꽃이 떨어질 때면 새벽이슬 밟고 감꽃목걸이를 만들어 목에 걸고 아껴가며 떼어 먹다 예쁜 아이에게 떼어주고 으스대기도 했었다. 감 알이 굵어지면서 떨어지는 풋감은 떫은맛을 우려내 허기를 달랬으며 하늘을 쳐다보며 홍시가 될 때를 기다리던 시절이 그곳에 고스란히 남아 있었다.

　폐교된 모교, 묵계초등학교를 찾았다. 키를 훌쩍 넘기는 잡목과 잡풀들 주위로 둘러쳐진 철조망 사이를 비집고 운동장에 들어섰다. 학교를 지을 때 우리들 고사리 손으로 심은 플라타너스들은 노쇠한 얼굴로 꽃가루만 날리고 있었다. 유리도 문짝도 외출한 교실에 들어섰다. 박가분 같은 먼지를 뒤집어쓴 칠판에는 크고 작은 낙서로 금방 귀신이라도 나올 것 같았다. 아들이 몽당분필로 칠판 한가운데에 커다랗게 "묵계교 9회 졸업생을 찾습니다. 연락주세요." 라고 쓰고 전화번호를 적어놓았다. 형편이 좋아지면 모교에 성의껏 기부나 선물을 하겠다는 생각으로 내내 지냈었는데, 울컥 비애감마저 들었다. 눈가에 이슬이 맺혔다.

　폐교 옆으로 흐르는 강으로 갔다. 낙동강 지류인 묵계천이다. 강폭이 좁아지고 깊이가 얕아져 있다. 치약 칫솔이 흔치 않던 시절이라 보건 시간이면 선생님은 우리들을 냇가로 데리고 가서 모래로 이 닦기 방법을 가르쳐 주셨다.

점심시간이면 성장이 빠르고 키다리였던 외순의 봉긋한 가슴을 확인하기 위해 모두 강물에 뛰어들어 멱을 감기도 했다. 빨개진 그녀의 얼굴을 힐끗거리며 킬킬거리던 일도, 자갈밭에 젖은 속옷을 널었다가 남자아이들한테 습격을 받아 패싸움을 벌이던 일도, 속옷을 머리에 뒤집어쓰고 교실 가까이에서 입고 축축함을 버티던 시간도 스쳐갔다. 어떤 때는 상류에서 독약을 풀어서 고기들이 허연 배를 펄떡이며 떠내려 왔다. 온 동네 사람들이 달려 나가 바구니로 건져 올렸다.

5, 6월이면 온 강가에 하이얀 꽃길이 이어졌다. 지천으로 피어오른 하얀 찔레꽃은 강변을 온통 옥양목 바래기 하듯 뒤덮고 물안개 품은 향기는 저녁연기 피어오르는 강마을 등성이로 넘어간다. 향기로 시장기 채우고 벌 나비들과 눈빛으로 노래하며 입속 가득 꽃잎을 털어 넣던 꽃처녀 된 소녀도 거기 있었다.

지금은 그 강변이 '마을휴양지' 가 되어 있었다. 큰물이 나간 뒤라 강바닥이 유리알 같고 물놀이하고 천렵하는 사람들이 어우러져 장터 같았다. 수경을 쓰고 강바닥을 훑으며 다슬기를 줍는 관경은 그 옛날 내 소녀적 모습이었다. 아들도 옷을 입은 채 강바닥에 벌렁 드러누워 멱을 감는다. 우리도 발을 담그고 땀방울을 식히며 하늘의 구름이 그려내는 수묵화의 붓 길을 따라가며 즐거워했다.

안동 묵계, 그 유년의 그리움으로(Ⅱ)

 2005년 여름, 가족 여행을 안동으로 정했다. 내게는 50여 년 전 유년의 추억을, 아이들에게는 정신문화의 선비도시를 체험 탐방해 우리 것에 대한 식견을 넓히고 역사를 배우게 하려는 남편의 배려였다.
 나는 유년시절을 안동시 묵계에서 보냈다. 늘 묵계를 그리워하고 동경했었다. 그 원을 남편이 풀어주겠다고 나선 것이다.
 묵계서원을 둘러보는 감회는 감격으로 가슴이 벅차올랐다. 서원은 그대로인데 읍청루, 진덕문, 동재건물이 새로 들어서 있었다. 묵계서원은 보백당 김계행을 기리기 위해 세웠고 도산서원, 병산서원과 더불어 안동의 3대 서원 중 하나다.
 6·25 휴전 후라 안동의 시골 학교는 대부분 서원을 교사(校舍)로 사용했다. 나도 묵계서원의 마룻바닥에서 3학년까지 엎드려 공부했다. 선생님이 결근한 틈을 타서 숙제를 해오지 않은 남자 아이들을 서원

뒤 비탈진 뜰에 세워 얼차려를 주는, 반장이라는 완장을 휘두르기도 했다. 엉덩이를 내어주고 맞아주던 덩치 큰 을진이를 보고 싶다. 만나면 코를 땅에 박고 사과하고 싶다.

묵계서원에서 4학년 때 신축교사로 이사를 했다. 교정을 정리하면서 공부보다는 노역에 동원되는 시간이 더 많았다. 강가의 자갈들은 책보자기에 싸여져 우리 머리위에서 춤추며 운동장 웅덩이로 이사를 했다. 급우들 책보자기 서너 개씩은 해졌다. 운동회 때는 이웃 학교에서 빌려온 풍금을 운동장에 내어놓고 담임 선생님의 즉석 반주에 맞추어 나비처럼 율동을 하던 소녀들은 어디에서 무엇을 하며 어떻게 변해 있을까.

안동김씨 묵계종택으로 발길을 옮겼다. 그 옛날 뻑적지근하던 모습은 적막감마저 느껴진다. 날아가는 새도 떨어뜨렸다던 안동김씨 세도정치, 종택은 우리 집과는 담을 사이에 두고 있었다. 차종부가 밤마다 어머니와 바느질하며 마음을 터놓고 늦도록 오순도순 하던 모습이 떠오른다. 차종손이 외지에서 생활했기에 그 외로움을 달래기 위해 어머니와 더 가깝게 지냄을 어린 마음에서도 읽을 수 있었다. 돌이켜보면 그 종택 담 너머로 흘러나오던 생활의 제반 모습이 내 사고형성에 영향을 미쳤고 의식 밑바탕에 녹아 있지 싶다.

만휴정으로 향했다. 초등학교 때 단골 소풍 장소다, 보백당 김계행이 지어서 말년에 묵계서원을 오가며 시를 짓고 유유자적하던 곳이다. 저녁노을에 싸여 비친 정자는 별유천지비인간(別有天地非人間)이다. 시간관계로 대충 둘러봄에 많은 아쉬움이 남는다. 보백당이란 호는 보물보다 더 중요한 게 '청렴과 결백'이라는 그의 시 구절에서 따온 호란다.

그날 밤, 우리는 안동 시내에 숙소를 잡았다. 아들이 「50년 만에 어머님의 고향을 찾아」라는 제목으로 '길안닷컴'에 초등학교 동기생들 연락을 기다린다는 긴 글을 전화번호와 함께 올려놓았다.

이틀째, 이른 아침. 태사묘를 찾았다. 안동 시내에 위치한 고려 건국의 일등공신인 김선평, 권행, 장정필 삼태사의 위패를 모시고 제사를 지내는 사당이다. 태조 왕건은 세 사람을 삼공신으로 추대하고 태사(太師)의 벼슬을 하사했었다. 이 모두는 안동을 본으로 한 시조가 되었다. 안내판에는 1974년12월10일 경상북도 기념물 제15호로 지정되었다고 적혀있다. 안동의 대표음식인 헛제사밥에 전통식혜를 곁들여 아침을 먹었다.

'안동민속박물관'에 들렀다. 아이들은 설명서를 체독하느라 바쁘다. 나는 특히 마(麻)에 대해 관심이 많았다. 그 예전에 이웃들이 삼을 기르고 쪄내던 모습들이 생각나서다.

다음은 조옥화 무형문화재 민속주 '안동소주박물관'에 들렀다. 소주의 기원 및 유래, 제조방법 등, 자세히 소개되어 있었다. 증류수로 한 방울씩 떨어졌다. 남편이 예전에 우리집에서도 그런 방식으로 만들어 먹었다했다. 한 박스를 차에 실었다.

남편인 장씨의 시조가 되는 '장정필태사' 산소를 참배하기 위해 약간의 제수를 준비했다. 묘소를 향해 앞장서서 땀을 흘리며 골짜기의 풀 숲길을 헤치고 산을 오르는 남편과 아들딸이 대견하기도 했다.

묘소 앞에 서니 천여 연전 왕건과 견훤의 밀고 밀리는 전투의 모습이 어렴풋이 새옹지마로 떠오른다. 남편과 아이들은 시조산소를 찾았다는 자부심을 느끼는 듯 무척 좋아했다.

'봉정사'로 서둘러 향했다. 봉정사는 국보 311호로 신라인 능인대사에 의해 창건되었고 통일 신라 이후 고려까지 고(古)식으로 지어진 우리나라에서 가장 오래된 목조건물이다. 대웅전의 후불벽화도 가장 오래되었다고 안내한다. 삼배를 올리며 부처님의 가피를 염원해 본다.

'도산서원'에 마지막으로 들렀다. 몇 번 왔었지만 가족과 하는 의미가 달랐다. 서원을 들락이던 선비들의 모습이 환영(幻影)으로 날아들며 강릉이 낳은 율곡이 겹쳐졌다.

우리 가족은 돌아오는 길에 입을 모았다. 안동을 둘러보면서 만나는 사람마다 우리 것을 지키려는 안동인 다운 선비정신의 DNA가 서려 있음을 느꼈다고. 아이들은 한복두루마기에 갓을 쓰고 거리를 활보하는 사람은 처음 봤다며 웃었다. 역시 동방예의지국 정신문화의 도시임을 확인했다고들 했다.

돌아오자 "보고 싶다 묵계친구들"이란 제목으로 곧바로 '길안닷컴'과 '아이러브스쿨' 홈페이지에 글과 사진을 올렸다. 까맣게 잊은 채 5년의 세월이 흘러 연락이 닿았다. 동창회가 조직되고 제일 먼저 강릉으로 초대했었다. 지금껏 칠순 동기들이 전국 각지에서 1년에 한 번씩 모여 꽃시절로 돌아간다. 안동으로의 가족여행은 내 유년시절을 자맥질하게 했고 그리던 동창들과의 만남을 선물로 안겨주었다.

칭다오(청도)를 찾아서

 거대한 힘이 세포 속을 비집고 들어온다.
 중국 대륙으로부터 풍겨나는 느낌이다. 지인들 모임에서 3박4일 일정으로 칭다오를 다녀왔다. 처음에 여행지를 제주도로 정했으나 경비가 더 싸다는 중국 칭다오를 택한 것이다. 허리가 안 좋아 걷기 힘든 나는 포기했었다. 아들이 등 떠밀며 보내준 여행이다.
 "엄마, 비행기 타고 밥만 드시고 온다 해도 다녀오세요."
 진통제를 잔뜩 챙기고 스틱도 준비했다. 비행기는 인천공항에서 이륙해 한 시간 이십 분 만에 칭다오에 흘러내렸다. 현지 가이드가 마중 나와 있다. 한국인이다.
 칭다오는 중국에서 4번째로 큰 항구도시며 산업도시다. 점심을 먹고 실화로 극화한 '금도의 꿈'이라는 뮤지컬을 관람하고 야시장에 들렀다. 우리네 5일장과 비슷했다. 저녁은 양꼬치다. 고기를 안 좋아

하는 나는 먹는 흉내만 냈다.

둘째 날, 중국 5대 명산 중의 하나인 노산(嶗山 · 라오산)에 올랐다. 전세버스를 주차장에 세워두고 셔틀버스로 중정 천지 순화에서 케이블카를 탔다. 깎아지른 절벽 위에서 내려다보는 기암괴석의 웅장함은 조물주를 우러러 찬탄하는 소리가 저절로 나왔다. 산봉에서 내려 지광동굴을 통과하고 자연비를 지나 이문에 들었다. 정상 거봉까지는 해발 1,132m라고 안내되어 있었다.

노산은 중국 도교의 발상지다. 지금도 곳곳에 그 유물들이 산재해 있음에 산 전체가 거대한 역사박물관을 연상케 했다. 바위에 새겨진 글과 그림에서 중국인들의 뛰어난 솜씨에 소름이 돋았다. 嶗山은 진시황이 백성들에게 불로초를 구해오라 괴롭힘에 백성들의 노고가 산에 배어있다 해서 노산(勞山)이라 쓰다가 명나라 때부터 험한 산, 嶗山이라 썼다한다. 대륙인데도 바다와 연접해 있는 중국의 유일한 산으로 정상에서 내려다보는 바다는 웅장하고 아름답다. 중국인들이 노산을 좋아하는 이유는 팔괘문 때문이란다. 노정(嶗頂)을 중심으로 주위에 여덟 개의 돌문이 있는데 이 여덟 문을 다 돌면 큰 복을 받는다는 속설 때문에 중국인들이 평소 많이 찾는다. 팔괘문은 건(乾), 태(兌), 이(離), 진(震), 손(巽), 감(坎), 간(艮), 곤(坤)문이라 이름을 붙였다고 한다. 이문에서 내려다보는 풍광은 실로 장엄하다. 모든 세상이 내 발아래 엎드려 넘실대고 있다. 나는 산 위를 날아다니는 신선이 되어 깎아지른 화강암과 그 사이사이에 끈질긴 생명력으로 버티고 서 있는 수목들 속으로 자맥질 한다. 정경 속, 나무 이파리들이 펄럭이며 한국으로 따라 나서겠다는 듯 방긋거린다. 우리는 첫 관문인 이문까지만 통과하곤 오르는 계단이 너무 많고 가팔라서 연기봉 아래 있는 육합정 재선각을 바라만 보다 그 유명하다는 녹차 한 잔으로 아쉬움을 달래고 하산했다.

 셋째 날 맥주박물관을 찾았다. 맥주 로고가 '잔교'다. 중국에서 유일하게 물이 맑고 풍부한 칭다오에 1903년 독일인의 기술로 처음 시작한 맥주회사의 공장과 설비 형태를 보존하고자 100주년이 되는 해인 2001년 박물관으로 설립했다. 박물관은 3관으로 되어 있는데 맥주의 공장, 역사에서부터 제조과정, 각종장비 등, 세계 각국의 맥주를 전시해 놓았다. 시음도 할 수 있고 구입도 할 수 있다. 칭다오에서 생산되는 맥주가 중국내에서는 물론 세계의 맥주 시장 1,2위를 차지하고 있다고 한다. 특히 한국인의 입맛에 맞아서 한국이 소비량의 주인공이라 한다. 나는 맥주를 먹을 줄 몰라 시음은 못했으나 이번 기회에 맥주에 대한 상식을 많이 얻었다. 유명하다는 땅콩 한 박스를 들고 돌아섰다.

 칭다오 역사가 두 번의 식민지 생활에서, 국권운동에서, 문화혁명에서 우리와 비슷한 시련을 겪었다고 생각되었다. 독일의 식민지로 있다가 1차 세계대전 후 일본이 점령하여 중국본토의 침략기지로 활용했다. 5·4운동으로 돌아오나 중일 전쟁으로 다시 일본이 점령하였고 일제 패망 후 내전으로 공산당이 점령했다. 10년 문화혁명 끝에 1984년 본격적인 개방항구 도시가 되었다. 1990년부터 한국기업이 많이 진출해 코리아타운과 영사관도 설치되었다.

칭다오의 역사를 짚어보면서 우리의 국권이 일본에게 강탈되었던 일제강점기가 생각 되었다. 그 시간은 우리민족에게 있어 잊을 수 없는 참혹한 시련이었다. 학생들은 노동에 동원되었고 청, 장년들과 누이들은 학병으로 징용으로 위안부로 끌려가서 목숨을 잃거나 죽을 고초를 겪었다. 창씨개명을 당하고 생명처럼 여기던 상투도 잘렸으며 흰옷은 검정 물감으로 칠해졌다. 산야의 청솔들은 몸집에 갈매기 날개 같은 무늬를 내주고 흘러나오는 송진을 급유의 원료로 충당케 했다. 놋쇠로 된 용기들은 모두 공출이라는 이름아래 탄피껍질 만드는 재료로 강탈당했다. 어머니가 시집올 때 가져와 몰래 감춰두었던 놋요강까지도 2차로 바쳐야했다. 화가 난 어머니가 그 요강을 마당에 내동댕이치니 깨어졌지만 가져가더란다.

중국에서는 어디를 가나 언어소통의 별 어려움은 없었다. 한문권이라 거리의 간판이며 우리들의 말뜻을 거의 알아들었고 가는 곳마다 한국인이 상주하고 있었다. 우리의 국력에 자부심을 느꼈다. 그들도 역동적이며 국력에 날개를 달고 있음이 감지되었다. 우리가 어물거릴 때가 아님을 확실히 느꼈다. 우리국민 모두가 정신을 바짝 차려야 하겠다는 생각이 들었다.

일행들에게 폐가 될까 걱정했는데 그런대로 잘 따라 다녔다고 생각하며 또 다른 여행에 대한 욕심이 꿈틀댄다. 칭다오 여행을 적극 권유한 아들에게 고마운 마음이다.

닭은 알고 있다

60년대 초까지만 해도 초례청에는 닭이 올라앉아 있었다. 닭은 원래 하늘을 나는 새였다. 그리고 상서로운 동물이라 했다. 어쩌다 인간에게 잡혀 케이지(cage) 독방에서 알 낳고, 날 수 없는 비만이 되었다. 수탉은 그 고고하고 우렁찬 목소리로 미명을 깨워 새벽을 불러온다. 속담에 "수탉이 울어야 날이 새지"라는 말이 있다. 즉 권위 있는 자가 주장하여 일을 처리하면 잘 풀린다는 뜻이고, 가정에서는 남편이 주장하여 일을 처리하여야 제대로 일이 됨을 비유적으로 이르는 말이다.

제부가 사업에서 엎어지자 모든 걸 정리했다. 그리고 그 여동생 소유인 야산의 산기슭에 컨테이너를 들여놓고 생활을 시작했다. 내가 권했다.

"산비탈 노는 땅이니 병아리 오십여 마리 정도 방목해서 계란이나 먹어보자."고. 그렇게 되어 청계(靑鷄)만 키우기 시작한 게 이백여 마리쯤 된다. 친척들과 지인들이 나누어 먹고 있다.

닭들도 나름 생각이 있다. 그리고 영리하다. 닭장에 들어섰다. 유유자적 노닐던 닭들은 모두 후다닥 혼비백산하여 닭장 안으로 숨어버린다. 모이를 뿌리며 꾸꾸 부르는 내 목소리를 듣고도 한참을 빠끔히 밖을 내다보며 경계의 끈을 늦추지 않는다. 낯선 외부인이 닭장 안으로 들어서면 우선 숨어서 밖의 동정을 살핀다. 조심스레 경계를 하던 그들 중 덩치 큰 놈이 앞장서서 걸어 나오면 그제야 한 놈 두 놈 슬슬 눈치를 보며 나온다. 낯선 사람은 다가와 먹이를 날려도, 우선은 경계부터하며 피하고 숨는 것이 그들의 본능이다. 앞에 나서다 멱살 잡혀서 소식 없는 동료들을 생각해서 일게다. 부모들도 어린자식들에게 "낯모르는 사람을 따라가지 말라"고 당부하지 않는가.

닭들의 세계도 인간들 세계와 비슷하다 동생이 닭장에 들어서면 닭들은 마치 인기연예인과 셀카 찍듯이 우우 모여든다. 어머니에게 먹을 걸 내 놓으란 듯이 구구거리며 따라다닌다. 주인 곁으로 모여드는 닭들을 보면 권력을 쫓는 인간들을 연상하게 된다. 권력자나 실세에는 사람들이 꼬이는 법이다. 가끔 까마귀 떼들이 날아들기도 한다. 매가 나타났다는 신호다. 닭들은 기겁을 하고 숨지만 까마귀들은 매 주위를 따라다닌다. 매가 먹고 남긴 사냥감을 얻어먹기 위해서다. 갓 깨어난 병아리들은 담장아래 핀 개나리꽃마냥 너무 귀엽다. 아기일 때는 사람이나 짐승이나 모두 귀엽다.

 닭들도 서열이 있다. 대개 수탉이 암탉과 병아리들을 관장한다. 수탉들의 서열경쟁 다툼은 치열하다. 닭들의 방어 태세는 특이하게도 대가리부터 처박고 숨긴다. 몸뚱이가 밖으로 보이는 건 상관없나 보다. 서로 물고 뜯고 싸우다 대가리를 숙이는 녀석이 지는 놈이다. 인간이 머리 숙여 죄송함을 표시하듯이. 닭도 졌다는 표시로 대가리를 숙이는 것이다. 닭들도 왕따가 있다. 모이를 먹으려도 동료들에게 쪼이고 쫓겨 늘 혼자 외롭게 다니는 녀석이 있다.

 우리는 남과 잘 다투는 사람을 비유적으로 '싸움닭' 이라 한다. 싸움닭(鬪鷄)은 수탉을 이용한다. 목과 다리가 길고 동작이 민첩하며 성질이 사납다. 서로 대가리를 쳐들고 꼿꼿하게 기선을 잡으려고 날카로운 발 갈퀴와 부리로 상대를 공격한다. 그들의 공격 포인트도 꼭 모가지다. 목 부위를 물고 늘어져 숨통을 끊어 놓는다. 또한 발가락에 면도칼 같은 인조발톱을 달아서 싸움을 시키기도 한다. 싸움닭들은 어느 한쪽이 죽어야만 끝난다. 인간은 놀이로, 혹은 내기로, 하지만 닭들은 얼마나 고통스럽고, 왜 그렇게 죽어가야만 할까. 동물들이 서로 공격할 때도 꼭 모가지부터 물고 늘어진다. 사람도 위험한 일을 할 때는 머리에 안전모를 쓰지 않는가.

 친정집에 갈 때면 마당에서 자라는 강아지들에게 먹을 것을 갖다 준다. 매우 반가워하며 꼬리를 흔들고 인사를 한다. 올케 말이, 한번 먹이를 준 사람은 희한하게도 잊지 않고 기억 한다고 했다. 옳지 못한 행동을 하는 자를 '개만도 못한 인간' 이라고 하는 말이 생각난다. 인간도 동물이다. 짐승이나 인간이나 동물의 세계는 매한가지다. 인간들도 사리사욕을 위해서는 권모술수나 이전투구에, 배신을 일삼지 않는가. 선거철인 요즘, 우리나라 국회의원 후보자들 몇의 면면을 살펴보면 짐승보다 나을게 무에 있는가.

여름 삼복더위에 닭들은 사람들의 몸보신으로, 또는 각가지의 이름을 단 상품 '치킨' 으로, 살아생전 받은 은혜를 소신공양한다. 닭은 알고 있다. 저 잘났다고 하는 인간들 중에도 닭대가리만도 못한 인간이 있다는 것을.

여전하신가요

　세상을 버린 당신의 얼굴은 맑은 시인의 '귀천'을 읊고 있었어요. 2011년 미틈달 스무날 12시 27분, 유난히 따뜻하고 바람 한 점 없는 온화한 날씨는 하늘이 내린 선물(天賞)이었어요. 눈을 감고 있는 당신은 마치 소풍 나온 사람처럼 벙긋한 염화미소를 띠고 있었지요.
　병상에서는 방문객을 거절했고, 사후에도 알리기를 거부했던, 가족 경사 때 받은 축의금, 답례를 못한 분께는 우체국 소액환으로 돌려드리는 정리도 하셨지요. 생의 마감을 예감한 듯 병원에서는 집으로 가자고 졸랐지요. 마지막 밤을 인식하고 모두 한방에서 밤을 보내자면서 힘들게 이야기를 했지요. 안방에서 편히 가고 싶었던 당신의 마음이 전해 왔어요. 특히 아들에겐 당당히 살아가라며 마지막 말을 남기고 있었지요.
　"조용히 자연으로 돌아가고 싶다. 폐 끼칠 것 없어. 누구든 왔다 가는 건, 정한 이치야.
- 장례는 3일까지 갈 것 없고 숨 거두면 바로 화장 처리해 수목장 해주고,
- 친척, 친지들에게 알리지 말라.
- 혹여 알고 찾는 내 친구에게는 조의금 받지 마라. 그런데 40년 동안 너희 엄마에게 진 빚은 어쩌나. 어떻게 하냐." 미안함에 눈 언저리가 촉촉해졌지요. 이튿날 오후,

"여보 안 되겠어, 병원으로 가야겠어." 고통을 움켜잡고 앰뷸런스에 올랐지요. 이웃에 살던 여동생이 위독하다는 것을 두 처남에게 알려서 그 조카들과 모두 달려와 마지막을 배웅했지요. 아들이 아버지의 유언이지만 조카의 입장에서 숙부께 알리지 않을 수 없다며 시동생께 알렸지요. 늘 드나들던 죽마고우가 오셨지만 말씀대로 했어요. 그런데 아들 직장 분들이 많이 오시고, 아들 친구들이 당신을 운구해서 평소 그리도 좋아 드나들 '학고재' 안뒤꼍, 조상님 납골묘 아래 수목장으로 들게 했어요. 생을 마감하기 한 달 전, 병원에서 잠깐의 외출로 붓도 겨우 잡고 떨리는 손으로 마지막 써놓았던 묘비명도 산돌에 새겨서 세웠어요, 함께 써 준 제 묘비명도 그 옆에요. 가정적으로는 장애형수와 그 어린조카 셋을 성년으로 성장시키는 짐을 지고 속뜰에 검정 물도 많이 들였었지요.

공직에서 명예퇴직 후 자신의 이름으로 된 통장도 휴대폰도 없이

지냈지요. 자연인으로 살고 싶다고! 구름처럼 바람처럼 거스르지 않고 물 흐르듯. 그런 마음으로 살고 싶다했지요. 그러나 오직 목표는 단 하나, 좋은 시 한편 짓는 것이었지요. 등단은 했지만, 한계를 느껴 정식으로 시 공부를 해 보겠다는 각오로 65세에 만학을 시작 했지요. 국어국문학과(문예창작)에 입학해 그 무더운 여름날 땀을 뻘뻘 흘려가며 공부하던 모습이 애처롭고 가엾게도 느껴졌어요. 그 결과 학점 과락 없이 2학년을 수료하면서, 위암 3기말 진단을 받았지요. 위 전체 절제술로 병세가 호전되어 3학년을 마치고 병마에서 자유로워지는가 싶어 친구들과 막걸리를 자유롭게 나누던 때, 재발되어 그렇게도 갈망하던 꽃피는 시인의 꿈을 영영 이루지 못하고 저녁하늘 밝히는 초승달 따라가셨지요. 한번은 제가 기간제 교사를 하려 할 때 "여보, 돈 모으는 것도 재산증식이지만 인격 관리하는 것도 재산증식이야." 라 했지요.. 매년 대학 입시철만 되면 가슴이 뛴다고 했었지요. 남보다 일찍 직장을 그만 둔 것도 지적 갈등 때문이라고요.

  명예퇴직 후 시 공부를 독학으로 하면서 겸해 익힌 서예와 문인화는 수준급이라고 유명한 전업화가가 평해 주셨죠, 늘 노자의 도덕경을 병풍 감으로 즐겨 썼으며 옆에는 한글붓글씨로 주석을 붙이고, 뒷면에는 사군자에 자작시를 써서 지인들께 선물하곤 했었지요. 그 화가분도 주문받은 병풍 뒷면에 당신의 붓글씨 작품을 넣곤 했었지요. 한편, 펜글씨체가 예쁘다며 평생 교육원을 다닐 때 손 글씨체 등록을 하라던 아들, 손자 같은 동료도 있었고, 서예나 문인화를 출품

해서 세상에 내 보이라는 권유도 받았지만 "나만 좋고 즐거우면 그만이지, 이 나이에 상은 타서 뭐하겠다고 들고 왔다 갔다 해" 했었지요. 서예 대사전을 찾아가며 모든 서체를 익혀서 자기체로 만들어 썼지요.

시 전문 계간지, 월간지 '시와 시학' '시안' 등을 창간호부터 정독하며 20년 이상 독서 회원으로, 시에 관해 논할 수 있는 지인들을 그리워했지요. 그리고 늘 선비 정신이 깃든 종택, 옛 어른들이 실천한 노블 리스 오블리제 정신을 본받으려했지요.

전원생활에 심취해 100여년이 넘은 산속 외딴 오두막을 원형 그대로 손수 다듬고, 그 뒤꼍에 조상님들의 납골 묘(**한 장의 흙무덤 안에 3대를 모심**)를 조성해 후대들을 편하게 하셨죠. 중년에는 수석과 서각, 분재로 또는 낚시로 장년에는 시와 문인화, 서예로 흠내 나는 삶을 살았지요. 옆에서 보는 저는 때론 힘들고 미운적도 있었지만 존경했어요. 그렇지만 저는 당신의 유언을 반밖에 받들지 못한 어리석고 우둔한 안사람이지요. 그러고 보니 당신은 정말 시(詩), 서(書), 화(畵), 석(壽石) 서각(書閣) 분재(盆栽)등 다예에 능했으며 낚시에도 조예가 깊은 진정한 예술인이었고 재주가 참 많은 사람이었네요. 많고 다양한 습작품 중, 선별하면서 서양화를 전공한 딸이 하는 말이네요. "아빠는 참으로 즐기면서 작품 활동을 하셨다고,"

그곳은, 여전하신가요. 그렇게 하고 싶어 하던 학문, 마음대로 이루고, 좋은 시도 많이 쓰세요. 아이들이 당신을 기린다며 유고문집을 낸다고 한 마디 쓰라네요. 두서없이 주절 거렸어요. 습작 지를 우리 마음대로 골라 실었어요. 마음에 걸리는 작품이 실리더라도 양해해주세요. 우리는 시·문인화·붓글씨에 문외한이잖아요.

공원 같은 학고재 납골묘

조상님 납골 산소를 조성했다.

깊은 산중 여기저기 흩어져 있는 조상님 산소를 한곳으로 모시는 일이 우리 부부의 오랜 숙원이었다. 전에도 허물어져 가는 산소를 개보수하려고 장의사와 동행해 현장을 보였으나 길이 멀고 험해서 못하겠노라는 대답만 들었다. 결국 포기하고 이장(移葬)을 하려고 십 수 년 전부터 산소 터를 구하기 위해 두루 헤매고 다녔지만 시간만 흘러갔다.

올해도 지난해 벌초 때처럼 끔찍한 일을 겪을까 두렵기도 했지만 후일 산소를 잃어버릴 것이라 생각되었다.

절박하면 이루어진다고 하던가. 조상님 산소 터를 구하러 수없이 헤매고 발품 팔던 그이가 퍼뜩 오두막 안뒤꼍을 생각해낸 것이다. 전원생활이 꿈이었던 그이가 2000년 폐가가 된 오두막을 구입하였다. 지은 지 100여 년이 넘었다지만 안사랑채로 되어 있고 텃밭도 곁들이고 있어 아주 좋아했다.

뜻밖에 생각이 여기에 미치자 더 이상 미룰 수 없다며 무엇에 홀린 사람처럼 일을 추진시켰다.

"자식에게 하는 것만큼 조상에게 하면 벌써 해결했을 텐데." 그이의 말이다. 잘록한 안뒤꼍에 흙과 돌을 넣어 만들면 좋은 자리가 될 것이라고 나를 꼬드겼다. 그러나 내 마음은 애가 탔다.

"여보, 경비는?"

가계부는 매달 적자인데.

"그야 당신이 어떻게 해봐."

그 말 한마디면 그만이었다. 퇴직 후 어디에 구속되는 게 싫다며 자연인으로 살고 싶다고, 통장도, 휴대폰도 없이 지내는 사람이다.

돈 쓸 일이 생길 때면.

"저 사람하고 얘기 하시우, 저 사람 돈 쟁이요." 하면서 왜 그렇게 술과 밥은 잘도 사는지. 2005년 5월 25일 이장(移葬) 날짜를 정하고 서두르게 되었다. 그냥 날을 정해서 하자는 그이를 설득해서 지관으로부터 날을 받고 터를 잡자는 데는 이유가 있었다.

"여보, 동생네 무슨 일이 생기면…."

막무가내든 그이가 내 말에 따라 주었다. 날짜가 정해지자 그이는 비석의 높낮이, 색깔, 비문의 글자 수와 글씨체를 정하고 글씨 연습을 했다. 비석은 두 기(基), 양쪽 모두 검은색 와비석으로 우측에는 묘비(墓碑) 좌측에는 시비(詩碑)로. 시비에는 그이가 이장하게 된 이유와 영혼을 안위(安慰)케 하는 내용을 시로 지어 석재 상에 주문했다. 자연 속에 허연 입석(立石)비를 높이 세우면 보기도 흉하고 자연도 훼손된다는 그이의 설명이다. 한편 흙은 스무 트럭, 이웃이 자기 산을 내주어 쉽게 구했지만, 돌은 구하지 못하고 애태우던 중 지인이 간직하고 있던 자연석 일곱 트럭을 주어 얼추 맞추게 되었다.

작업이 본격적으로 시작되었다. 농작물을 심으려고 밭을 갈아서 두둑을 만들어 비닐을 씌운 망을 헤집고 포클레인과 트럭이 드나들며 흙과 돌이 쌓여갔다. 그이가 10여 년 전 퇴직하면서 친가의 휴경지에 심어 놓았던 사철나무와 향나무 주목을 옮겨 심으면서 한층 더 우람한 터로 조성되어 가고 있었다. 옆으로는 도랑이 흐르고 있어 연못도 만들었다.

궁하면 통한다고 적자로 일관되던 내 통장도 채워졌다. 딸이 쓰던 이 층을 전세로 내주고 아래층에서 지내기로, 보증금 천만 원이 들어왔기 때문이다. 경비가 해결되니 한결 마음도 가벼워졌다. 그이는 형제에게 도움 받지 말고 우리 혼자 다 하자고 했다. 쾌히 승낙하고 나서 생각해 보니 참 우스웠다. 빚내서 산소 이장이라니. 어머님 묘소인 영동공원묘원 사무실에 가서 밀린 관리비 이십사만 원도 지불하고 강동면 사무소에 가서 파묘(破墓) 수속절차도 마쳤다. 산소 주인은 장손인 큰조카 이름으로 되어 있기 때문이다.

이장 전날 주과포 열다섯 봉지도 준비했다. 산소마다 산신제와 파묘제 각각 두 차례, 이장된 납골묘에도 산신제, 토신제, 평토제, 성분(成墳)제, 반우(返虞)제를 지내야 한다. 성분제는 기제사(忌祭祀)와 동일시하므로 음식도 많이 준비했다. 당일 해야만 하는 음식들은 오두막에서 준비하기로 했다.

당일 할일을 팀별로 나눴다. 남편팀, 내팀, 산방팀으로 분담했다. 산소들이 뿔뿔이 흩어져 있고 하루에 모두 모셔야만 하므로, 포클레인은 먼저 현지에 도착해 있기로 했다.

산소 개장은 모두 수작업이다. 이장 당일 새벽 5시에 장의사 직원들과 함께 각 산소를 향해 출발했다. 제일 멀고 험한 동해시 이로리 심심산중의 할아버님, 할머님, 아버님 산소는 남편팀이. 가까운 영동공원 묘원의 어머님 산소는 내팀과 산방팀 그리고 아들이 합세했다.

아들은 산신께 드리는 개장개 축문을 고축하고 파묘 시작만 참관하고 먼저 출발한 남편팀을 뒤쫓아 이로리를 향해 떠났다.

어머님 파묘를 끝내고 유골을 수습한 뒤 산방팀은 오두막 텃밭으로 향해, 포클레인과 함께 광중(壙中)을 파고 터를 다듬기로 하고 내팀은 삼척 근덕 아주버님 산소로 향해 각각 헤어졌다. 산신제 축문은 내가 고축하고 유골을 수습해서 오두막 텃밭으로 돌아오니 10시였다.

그런데 동해시 이로리로 떠난 남편팀은 지난해 벌초 때와 같이 또 길을 찾지 못해 두 시간이나 헤매다 겨우 찾았다고 연락이 왔다. 또 한 늦게 떠난 아들을 잃어버려 얼마나 부르고 찾아다녔는지 산천초

목에 아들 이름이 박혀 있을 거라며 일꾼들이 입을 모았다.

이장의 의식절차는 초상 때와 같다. 먼저 도착한 어머님과 아주버님 유골을 소실(燒失)해서 납골 항아리에 모시고 일꾼들은 식사 후 오수를 즐기고 있는데 남편팀이 도착해 산신제를 지내고 일이 다시 시작되었다. 직사각형으로 파진 광중에 납골항아리 다섯(맏동서가 우리보다 먼저 가면 파고 넣을 자리 하나는 비워 둔 채)이 횡대로 가지런히 놓이고 위아래 사이사이 하얀 회가 다져졌다. 그 위에 횡대(橫帶)가 덮여지면서 다시 회가 다져지고 취토를 한 뒤 달구가 시작되었다. 봉분이 만들어지고 잔디가 입혀졌다. 가운데는 상돌이, 좌우에 와비석으로 된 묘비와 시비가 놓여졌다. 아담하고 소박한 아주 예쁘고 근사한(울진 장씨 안염공파 29대 사홍공) 가족묘원이 조성되었다. 이어 상돌을 소주로 씻어내는 절차 후 성분제를 지내고 음복하며 일꾼들과 음식을 나누어 먹었다.

강릉 집으로 돌아와 반우제를 끝으로 이장 행사는 모두 끝났다. 아들이 아버님의 유골상자를 두 팔로 정중히 받들고 한 번도 쉬지 않고 가시수풀 산을 내려왔다는 이야기며 이상하게 유골 냄새가 싫지 않더라는 말을 들으며 20대 아들이 대견스럽기도 했다. 마지막 교생 실습 날이라, 참석이 늦었던 딸이 설거지를 도와주어 마무리가 한결 쉬웠다.

20여 일 동안 집과 오두막을 오가며 전력을 다했다. 경비는 전세금 받은 것에 조금 더 추가되었다. 경제적으로 심적으로 힘들었지만 자나 깨나 품고 있던 인륜대사를 마쳐 이제 안도할 수 있다. 두 다리 뻗고 자도 될 것 같다. 도대체 뿌리가 무엇이길래 그리도 소중히 여길까 싶기도 하다. 대부분 곰삭아 흙이 된 유골을 모시면서 누구나 자연의 한줌 흙이 됨을 실감하며 허무하다고 했다.

오늘 제일 수고한 그이의 대답이다.

"상징적 의미를 부여하는 거지."

산소를 이장한 지도 십여 년이 지났다. 지금 이장한다면 항아리 대신 나무함으로, 봉분 대신 수목장이나 평토장으로 할 것이다. 당시는 나무함이 없었다. 자연으로 돌아가게 할 것이냐의 문제도 생각해 볼 것 같다. 그때는 각 문중의 조상들을 모시는 납골당 건립이 한창 대세였다. 한곳에 한 기(基)의 무덤으로 하는 납골묘가 최소한의 자연훼손이라 생각했다. 그러나 몇 년 사이 장례문화 의식들이 빠르게 변했다.

우리 조상님 산소는 오두막 텃밭에 자리 잡은 공원 같다. 누구나 오두막(鶴皐齋)에만 오면 참배할 수 있고 꼬맹이들이 '산토끼 토끼야'를 부르며 뛰어놀 수 있는 놀이터 같다. 앞으로 조상님 납골묘는 후손들을 한데 모이게 하는 계기가 되고 집안의 융합과 우애의 구심점이 될 것이라 믿는다.

서평

쓸 것은 많고 해줄 말은 없다

- 김선자 수필집 「다섯 그리고 둘」을 읽고 -
- 시인 정성수 -

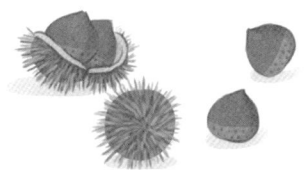

| 서평 |

쓸 것은 많고 해줄 말은 없다
- 김선자 수필집 「다섯 그리고 둘」을 읽고 -

- 시인 정성수 -

프롤로그 Prologue

 어떤 형식에 얽매이지 않고 자신의 경험이나 느낌 등을 자유롭게 기술한 산문 형식의 글이 수필임은 말할 나위가 없다. 시나 소설이나 희곡같이 창작문학에 가까우면서도 형상화한 문학이 아니다. 그렇다고 이해와 성찰에 의한 비평도 아니다. 자연과 인생을 관조하며 존재의 의미를 밝히기도 하고, 매의 눈 같은 예리하고 날카로운 지성으로 새로운 양상과 지향성을 명쾌하게 제시한다. 또한, 서정抒情과 서사敍事에 의한 정서적 감동이나 허구적 흥미를 주면서, 문학의 다른 장르와 상호 작용을 적절하게 유지하고 포용하여 광범위하게 확대해 간다. 한마디로 수필은 '붓을 따라서, 붓 가는 대로 써놓은 글' 이다.

고려의 이제현李齊賢(1287~1367)의 역옹패설櫟翁稗說 서문에 의하면 '한가한 가운데서 가벼운 마음으로 닥치는 대로 기록하는 것이 바로 수필이다. 즉, 그때그때 보고 느끼고 흥미 있는 것을 붓 가는 대로 산문으로 표현한 글'이라고 했다. 프랑스 문학자이자 비평가 R.M. 알베레스René Marill Albérès1921~1982)는'수필은 지성을 기반으로 한 정서적·신비적 이미지로 쓰여진 것이어야 한다. 거기에는 서정의 감미로움과 입가에 스치는 미소와 벽을 뚫는 비평 정신이 있어야 한다. 또한, 주름살을 펴고 파안대소할 수 있는 해학이 있어야 하고, 놀라 기겁하면서도 즐거움을 주는 기지가 있어야 하며, 얼음장처럼 냉철한 비평에 의한 오늘의 인식과 내일의 지표가 되어야 한다.'고 했다. 물론, 해학과 기지는 소설이나 희곡에서도 비평 정신은 기본적이며 중요한 요소다. 특히 수필에서 지적 작용을 할 수 있는 비평 정신은 문학적 밑받침이 된다. 이때 해학과 기지가 반짝이면 금상첨화다.

시는 정서에 기반을 두고, 소설은 설화와 구성에 바탕을 두며, 희곡은 대화에 의한 문학임에 반하여, 수필은 시와 소설과 희곡을 포용하면서 어느 쪽에 속하지 않는 독자적인 영역이다. 따라서 수필은 전문화되지 않고 남은, 창작적 변용을 용인하는 모든 산문학적 문장을 포괄한다.

이처럼 수필이 뛰어난 문학 장르임에도 불구하고 문단에서 홀대를 받고 있는 실정이다. 해마다 년말에 실시되는 신춘문예는 한국 문단의 대표적인 문학 공모전이다. 시, 동시, 소설, 평론 등에 비해 수필은 메이저 신문을 비롯한 중앙지는 전무하고, 지방지 몇 군데서 명맥을 유지하고 있는 실정이다. 이처럼 소외되는 이유는 문학성 논쟁, 장르적 한계, 평가 기준 모호성, 사회적 인식 부족, 제도적 지원 부족, 독자층 변화, 온라인 플랫폼 활용 부족 등 다양한 요인이 복합적으로 작용하기 때문이다. 특히 수필을 신변잡기 정도로 치부하고 있다. 그런 환경과 여건에도 불구하고 수많은 수필가가 끊임없이 수필을 쓰고 수필집을 발간하고 있다. 이유를 살펴보면 수필은 삶의 의미를 찾고자 하는 탐구 과정으로 수필가들은 일상의 편린들을 들여다보며 자신의 경험과 생각을 돌아보고, 이를 통해 삶의 진실과 가치를 발견하려 노력하는 것이다. 또한 자신의 이야기를 글로 담아 독자들과 나누고, 독자들은 수필가의 생각과 감정을 공감하며 위로와 교감을 얻는 데에 있다. 뿐만 아니라 아름다운 언어를 통해 세상을 표현하는 예술가라는 자부심을 느끼고 섬세한 표현과 풍부한 감성을 글로 씀으로써, 독자들은 이를 통해 세상을 새로운 시각으로 바라보며 미적 즐거움을 얻을 수 있다는 희망이 있기 때문이다.

  따라서 수필은 단순한 신변잡기가 아닌, 삶의 깊이를 탐구하고, 소통로인 동시에 세상을 아름답게 표현하는 중요한 문학 장르다. 이러한 이유로 수많은 사람이 수필에 매료되고, 수필가들은 끊임없이 글을 쓰고 수필집을 출판하는 것이다. 그렇다면 좋은 수필을 쓰기 위해서는 수필가는 주변 세상을 끊임없이 관찰하고, 흔히 놓칠 수 있는 작고 세부적인 것까지 포착하는 능력을 갖추어야 한다. 이 관찰력은 일상 속에서 감동적인 소재를 발견하고, 독자들에게 새로운 시각을 선사하는 데 필수적이다.

또한 자신의 경험과 생각을 통해 깊이 사색하는 능력 역시 중요하다. 사색은 독자들에게 새로운 통찰력을 제시하고, 삶에 대한 깊은 이해를 돕는데 기여하기 때문이다. 그에 더해서 자신의 생각과 감정을 명확하고 생생하게 표현할 수 있는 언어 능력을 갖추어야 한다. 다양한 표현 기법을 활용한 자신의 목소리를 담은 독창적인 글일 때 수필은 돋보인다. 수필가는 자신의 감정을 솔직하게 드러내는 것을 두려워하지 않고, 독자들에게 진정성을 전달해야 한다. 뿐만 아니라 다양한 작품을 읽고, 끊임없이 글을 쓰고, 자신의 문체를 발전시키기 위해 노력하고, 비판과 조언을 겸허히 받아들이고, 부족한 부분을 보완하는 자세를 가져야 한다.

이러한 5가지 자질을 갖춘 수필가가 바로 김선자 수필가다. 20년 6월 25일에 발간한 수필집 『열 개의 바퀴를 굴리는 사람』에 이어서 이번에 『다섯 그리고 둘』을 세상에 내놓는다.

김선자 수필가의 수필 세계를 들여다보기 전에 지난번에 발간한 수필집 『열 개의 바퀴를 굴리는 사람』의 「책머리에」 일부를 인용해 본다. 수필가가 자신의 수필에 대해 어떤 관점을 갖고, 어떤 자세로 글을 쓰는지 먼저 헤아려보는 것이 그의 수필들을 이해하고 감상하는 데 도움이 될 것이기 때문이다.

『나의 글을 내가 사랑해야, 다른 사람도 내 글을 사랑한다는 지인의 말에 용기를 얻었다. 더 늦기 전에, 마음만 바빴다. 알몸을 보이는 것 같은 부끄러움에 때론 옷을 바꿔 입고 뛰기도 했다. 갈잎 흙이 되는 깊이로 태를 산에 묻듯이, 향기 좋은 과일로 빚어내고 싶었다. 인생의 종내는 혼자라며 혼자 즐길 수 있는 취미를 가져보라는 남편의 주문대로 내 안의 길을 찾아 정진할 것이다.』

- 『책머리에』 일부 -

  김선자 수필가의 수필을 이해하고 공감하고, 누군가의 마음의 상처를 치유하기를 바라는 소박한 희망을 한다. 수필적 가치와 수필적 질감과 수필적 융합이라는 미사여구가 아닌 수필가의 진심으로 쓴 수필들이 민낯 그대로 독자들에게 전해질 것을 믿는다. 수필가의 수필집 '다섯 그리고 둘' 속에는 어둠을 밝히는 호롱불이 있고, 사려 깊은 침착이 있고, 허기에 지친 사람을 위한 고봉밥이 있고, 삶에 미안한 마음이 있고, 지켜야 할 예의가 있고, 자기만의 뚜렷한 기준이 내재 되어 있다. 수필이 갖는 알고리즘Algorithm를 이용하여 주제를 드러낸 수필들이 곳곳에서 향기를 피워올리고 있다. 몇 편의 수필을 따라가며 김선자 수필가의 수필 세계 속으로 들어가 보자.

김선자 수필가의 수필 톺아보기

- 전략 -

　유기는 생명의 그릇이다. 요즘 참살이 그릇으로 방짜유기가 각광을 받는다. 사라져가던 유기가 재조명되고 있단다. 나는 입이 부르트면 그릇장 속에 묻어두었던 놋수저를 사용했다. 어느 순간 슬며시 나아져 있음을 알게 된다. 그런 경험으로 우리 가족 모두는 놋수저를 사용한다. 독성 물질에 닿으면 색이 변하는 것도 어렸을 적부터 보아왔다. 어머니는 미나리를 세척할 때 거머리 색출을 유기로 했다. 예부터 스님들의 삭발 삭도도 방짜유기를 사용했다. 상처가 나도 덧나지 않는다는 것이다. 최근 연구와 실험을 통해서 방짜유기에서만 모든 대장균이 박멸되었다는 보도가 있다.

　국외 그릇 박람회에서 어느 유기장의 아이디어로 우리의 전통유기에 색깔을 입혀서 화려하고 고급스러운 작품으로 내놓았다. 전수 팔려나가면서 폭발적인 인기로 세계 각국의 주문 수요에 공급이 따르지 못할 정도의 갑부가 되었다는 기사를 본 적이 있다. 소중한 우리 문화유산이 수출됨이다.

　놋그릇은 닦으면 새 그릇이 된다. 놋그릇은 손이 많이 가고 관리를 잘해야 한다. 명절이 다가오면 멍석 위에서 놋그릇에 광채를 입히느라 땀에 젖은 어머니의 모습이 떠오른다. 종부들의 대사 중 하나였다. 그 시절에는 기왓장을 빻은 가루에 짚수세미로 닦았다. 요즘은 전용 광태제가 시중에 나와 있다. 그에 비하면 뜨뜻한 방 안에서 닦는 나는 얼마나 편한가. 닦을수록 영발(暎發)은 더하고 대를 물려 쓸 수 있다.

- 하략 -

-「유기鍮器를 닦다」부분 -

수필은 유기鍮器, 즉 전통적인 놋그릇을 닦는 행위를 통해 우리의 고유문화와 가족의 유대를 아름답게 표현한다. 작가는 유기의 물리적인 아름다움뿐만 아니라, 역사적 가치와 세대 간 전승의 중요성을 강조한다. 또한 물질적인 것이 아닌, 정신적인 유산의 소중함을 일깨워주며, 과거와 현재와 미래가 어우러지는 삶의 연속성을 상징적으로 보여준다.

  유기를 닦는 과정은 단순한 노동이 아니라, 조상들의 삶과 기억을 되새기고, 그들의 지혜와 정신을 현대에 되살리는 의식적인 행위로 묘사한다. 이는 우리의 정체성을 탐구하고, 전통을 현대적인 삶 속에서 어떻게 유지·발전시킬 수 있는지에 대한 성찰을 담고 있다.

  작가는 유기의 소리와 빛깔을 통해 감각적인 이미지를 창조하며, 독자로 하여금 물리적 아름다움 너머에 있는 정서적, 문화적 가치를 느끼게 한다. 또한, 가족 구성원 간의 상호작용을 통해 전통이 어떻게 일상 속에서 살아 숨 쉬는지를 보여준다.

  수필은 단순히 놋그릇을 닦는 행위를 넘어서, 우리 문화의 깊이와 풍부함을 탐구하는 여정을 보여준다. 우리에게 전통이 단지 과거의 유물이 아니라, 현재와 미래를 이어주는 살아있는 연결고리임을 상기시킨다. 따라서 우리가 어떻게 우리의 문화유산을 소중히 여기고, 그것을 통해 자신을 발견하며, 더 나은 미래를 위해 보존하고 발전시켜야 하는지에 대한 메시지를 전달한다. 이는 단순한 감상이 아니라, 우리에게 주어진 책임과 사명을 일깨우는 강력한 호소이다.

- 전략 -

　동생은 다섯 아이들을 데리고 5년을 지냈다. 아이가 몇이냐고 물어 올 때면, 딸 둘 계집애 둘, 아들 하나라고 대답하던 동생이었다. 딸 넷을 낳은 후, 다섯째로 아들을 얻었다. 동생은 아들을 낳고 조상제사를 지낼 때 자기도 모르게 목에 힘이 주어지더라고 했다. 지금은 딸을 더 선호하는 시대라고 하지만, 삼십 년 전만해도 딸 셋을 데리고 다니는 엄마를 처량해 보인다고들 했다.
　동생이 새로운 인연을 만났다. 새로 맞은 인연에도 아들이 둘이었다. 새올케는 하늘로 간 올케와 비슷한 모습이었다. 나는 조카들에게 두 가지를 부탁했다.

- 중략 -

　이제 모두 성년이 되어 가정을 이루었다. 새올케도 조카들에게 지극정성이고 조카들 또한 잘 따르고 친엄마 이상으로 의지하고 섬긴다. 더더욱 사위들도 친 장모로 섬기며 들락거린다. 서로들 마음을 열고 거리낌이 없다. 동생 또한 새 인연의 아이들에게 친부처럼 대해 준다. 그 아이들 학비도, 결혼식에도 혼주 석을 지켜주었고, 새 보금자리 장만에도 최선을 다해 보탰다. 아이들도 경조사가 있을 때마다 몰려다니고 있다.

- 하략 -

-「다섯, 그리고 둘」부분 -

　수필은 표제 수필로 가족의 투쟁과 희생을 통해 인간의 강인함과 사랑의 힘을 그린다. 주인공 올케의 유방암 진단 후의 치료 과정은 그녀의 용기와 결단력을 보여준다. 그녀는 가정의 중심이자 지주였으며, 병으로 인해 닥친 어려움 속에서도 가족을 지탱했다. 이는 우리의 전통 가치관에서 비롯된 가족 중심의 생활 방식을 반영한다.

글은 자연스럽게 장소와 시간을 이어가며 독자에게 깊이 있는 감정을 전달한다. 예를 들어, "둥근 해는 중천에 떠 있고 가정에 행복이 샘물로 넘칠 무렵"과 같은 풍부한 서술은 장면의 생생함을 더한다. 또한, 올케의 죽음과 그 후 남은 동생의 삶은 시간이 지나면서 가족과의 유대가 더 강하게 이어졌음을 보여준다.

수필은 가족의 중요성과 역할, 그리고 생명의 소중함을 진지하게 다룬다. 특히 동생의 새로운 가정 형성 과정은 시간이 지나면서도 사랑과 관심이 유지되고 있다는 점을 강조한다. 이는 한국 사회에서 가족의 중요성과 상호 의존성을 잘 보여준다.

또한, 문학적인 언어와 상징적인 표현을 사용하여 감정의 깊이를 더한다. 예를 들어 "청천벽력의 굉음은 모두의 머리를 뚫었고 가슴에 난도질을 했다" 는 표현은 가족의 갈등과 고통을 강하게 나타낸다. 뿐만 아니라 인간의 존엄성과 사랑의 미덕에 대한 묵직한 사색을 담고 있다. 가족과의 결속, 희생, 그리고 새로운 관계 형성의 중요성을 떠올리게 한다. 독자는 이러한 이야기를 통해 가정의 뜻깊음과 힘을 깨닫게 되며, 글 속 인물들과 함께 감정의 여정을 함께 하게 된다.

- 전략 -

1966년 10월, 경주 불국사의 석가탑이 보수를 위해 해체되었다. 석탑에서는 세계에서 가장 오래된 '무구정광대다라니' 가 발견되었다. 1,200년 동안 습기 찬 탑 속에 있었던 두루마리불경이 말끔한 얼굴로 보존돼 우리에게 감탄을 자아내게 했다. 2,000년, 문화재청이 이 경을 전통 한지 기법으로 만들어 봤지만, 신라 장인(匠人)이 만들었던 종이를 따르지 못했다.

- 중략 -

'지(紙) 천 년 견(絹) 오 백' 이라 했다. 종이는 천년을 가지만 비단은 오백 년을 못 넘긴다는 말이다. 우리나라 고유의 전통적 제조법으로 만든 한지는 살아 있는 생명체다. 냄새, 소리, 체온, 감촉을 느낄 수 있다. 한지의 냄새는 해대기의 보드라운 볼 냄새고 연인에게서 나는 사랑의 냄새다. 한지는 설한풍 문풍지가 빚는 황홀했던 청춘의 입맞춤 같은 격정의 소리인가 하면 자비가 넘치는 자근자근한 어머니의 목소리다.

- 중략 -

60년대까지 우리 집 앞에는 지소가 있었다. 널찍한 헛간 바닥에 드럼통 두 개와 드럼통을 올려놓을 수 있는 흙화덕이 전부다. 드럼통 하나를 세로로 쪼갠 그 반쪽 통은 닥나무를 쪄내는 찜통으로, 다른 반쪽은 곤죽이 된 물한지를 담는 지통으로 사용했다. 또 다른 드럼통은 통째로 펼쳐서 화덕에 올려놓고 물한지를 말리는 철판으로 썼다

- 하략 -

-「지소紙所와 명품 한지漢紙」부분 -

  수필은 전통 종이인 한지에 대한 깊은 애정과 존경을 담고 있다. 한지의 역사적 가치와 문화적 중요성을 강조하며, 이를 통해 우리의 정체성과 기술의 우수성을 탐구한다. 경주 불국사의 석가탑에서 발견된 '무구정광대다라니경無垢淨光大陀羅尼經 (8세기 초에 간행된

세계 최고의 목판 인쇄본)의 보존 상태는 한지의 놀라운 내구성을 입증하는 사례. 또한, 조선 왕실 의궤儀軌 (조선 시대에 왕실이나 국가에 큰 행사가 있을 때 후세에 참고할 수 있도록 일체의 관련 사실을 그림과 문자로 기록한 책)의 프랑스에서의 보존 상태는 한지의 품질을 국제적으로 인정받는 계기가 되었다.

  작가는 한지가 단순한 재료를 넘어 생명체로서의 특성을 지니고 있음을 강조한다. 한지의 냄새, 소리, 체온, 감촉은 마치 인간의 감각을 자극하는 듯한 묘사로 표현되며, 이는 독자로 하여금 한지에 대한 감성적 연결을 느끼게 한다. 또한 한지의 제조 과정은 세밀하고 정교하게 묘사하여, 전통 기술과 자연의 조화를 강조한다. 이는 과거와 현재, 그리고 미래 세대 간의 연결고리로서 한지의 중요성을 부각시키고 있다.

  수필의 마지막 부분에서는 한지 제조가 사라진 현실을 안타까워하며, 전통의 소실이 단순히 물질적인 손실을 넘어 문화적, 정신적 손실임을 지적한다. 이는 현대 사회에서 전통을 보존하고 계승하는 것의 중요성을 강조하는 메시지로 해석될 수 있다.

  전반적으로 수필은 한지에 대한 깊은 사랑과 존경을 통해 우리의 전통과 문화를 탐구하고, 이를 통해 독자들에게 전통의 가치와 중요성을 일깨워준다. 특히 작가의 섬세한 관찰과 풍부한 감성은 한지에 대한 새로운 시각을 갖게 하며, 전통의 소중함을 되새기게 한다. 이는 우리에게 전통을 소중히 여기고 보존할 것을 촉구하는 강력한 메시지다.

- 전략 -

　온순하고 퍼주기를 즐기던 백마가 몸살이 났나 했더니 이내 몸져 누워버렸다. 초고령이라 일어날 기력이 쇄진했나 보다. 자동차 검사소에서 배기가스에 걸려 정비소로 이동하는데 브레이크가 잡히지 않았다. 검사소로 들어갈 때만 해도 이상 없었는데. 다행히 한산한 길이다. 엉금엉금 정비소에 도착했다. 점검 결과 운행이 불가하다는 결론이다. 검사소에서 배기가스를 점검하느라 브레이크를 너무 세게 밟아서 배기통이 터져 기름이 흘러 내린 것이다.

- 중략 -

　그동안 네 마리의 백마들과 동고동락했다. 89년 뉴소나타를 시작으로 마티즈, 렉스턴, 코란도 이었다. 처음 소나타로는 우리 네 식구 모두 차례로 면허증을 땄고, 부부 모임 등, 지인들을 태우고 시골집을 들락거리며 삼겹살을 많이도 구워댔다. 딸 몫으로 들어온 가냘픈 마티즈가 제일 힘들고 옹골차게 함께 했다. 잔병 치레를 많이 하던 소나타는 내가 99년 명예퇴직을 하면서 결국 하늘로 돌아가고, 마티즈가 홀로 가계의 어려움을 안고, 절약을 위해 우리 네 식구와 더불어 쉴 틈이 없었다.

- 중략 -

　다섯 번째 내게 와 준 반려자를 XM3라 이름 붙여 주었다. 앞뒤좌우 감지기로 뾰오옹 뿅뿅 잘도 안내한다. 아리알랑 야리 얄랑 애교도 만점이다. 외모도 절세미인이다. 새로 맞은 반려자의 품에 안겨 노랫가락을 흥얼거리고 있다. 노을빛 기슭에서 다독이고 사랑하며 조심조심 동반하련다.

- 하략 -

-「노을의 반려자」부분-

수필은 작가 자신의 인생 여정을 자동차들과 함께 한 경험을 통해 풀어내며, 이를 통해 자동차가 삶에 끼친 깊은 영향과 감사함을 표현한다. 자동차들을 '백마'로 지칭하여 고귀하고 신성한 존재로 취급한다. 이는 작가가 자동차를 단순한 운송 수단이 아닌 자신의 인생의 일부로서 대우하고 있는 것을 보여준다. 자동차와 각별한 추억과 경험들이 작가에게 중요한 삶의 일부가 되어 있음을 짙게 느끼게 한다.

또한, 작가는 자동차를 타고 삶을 이어왔지만, 이제 몸이 허물어져 반려자를 떠날 때가 되었다는 현실을 직시하고 있다. 이는 삶의 한 단면을 뒤돌아보며 자신의 존재와 운전에 대해 깊이 생각하게 한다. 그러나 아직 몇 년 더 운전을 이어나갈 준비가 되어 있다고 자신감을 내비친다.

자연스럽게 감정을 고백하면서도, 독자에게 운전의 중요성과 자동차와의 관계가 어떻게 인생의 일부가 될 수 있는지를 생각해보게 한다. 작가는 XM3라는 새로운 반려자와 함께하는 즐거움을 새롭게 발견하며, 반려자를 대하듯 자동차와의 관계를 극대화하는 태도를 보여준다.

결론적으로, 수필은 자동차와 삶의 연결고리를 통해 작가의 깊은 감정과 인생의 일면을 진솔하게 풀어내며, 독자에게도 자신의 삶과 자동차 간의 관계를 되돌아보게 하는 계기를 제시한다.

- 전략 -

  그는 박식하다. 늘 무궁한 이야기가 쏟아져 나온다. 인문학을 비롯해 과학 종교 무속 계까지 해박한 지식을 갖고 있다. 글씨도 명필이다. 펜글씨, 붓글씨, 한글 한문 각종 서체를 두루 섭렵했다. 시도 산문도 잘 짓는다. 허나 작품이라고 버젓이 내놓진 않는다. 오로지 혼자 즐긴다. TV 프로그램, '나는 자연인이다' 등에서 촬영 요청이 쇄도해도 전혀 요지부동이다.

- 중략 -

  그는 아주 검소하다. 절대 수입의 범위를 넘는 생활을 하지 않는다. 그의 생활 철칙이다. 생활 용품도 남들이 버린 물건들을 주워와 재활용한다. 사람들은 수입에 맞지 않게, 분수에 넘치는 생활 때문에 문제가 발생한다고 그는 꾸짖는다. 공학도이었지만 목수 일도 한다. 몸 쓰는 막노동이 좋다며, 한 달에 일주일 정도만 일하고 나머지 시간은 자신에게 투자한다.

- 중략 -

  그의 집 사랑방은 늘 열려있었단다. 그의 부친은 한학자로 시화(詩畵)에 능해서 늘 벗들과 함께 시를 짓고 사서삼경, 노·장자에 대해 담론하고 토론했다는 것이다. 그는 이것저것 귀동냥하는 게 좋아 어른들이 오시기를 기다렸으며 물심부름도 하면서 뒷전에 끼어 앉았다 했다.

- 하략 -

  흰 수염에 하얀 머리카락을 흩날리는 그는 늘 개량 한복차림이다. 맑고 향기로운 사람, 그에게서는 청량한 하늘 냄새가 난다. 그와 이웃이어서 나는 참 행복하다. 화인(化人)같은 그를 만나면 마냥 즐겁고 마음이 풍성해진다.

-「화인化人같은 그」부분 -

수필은 작가의 지식과 학문에 대한 열정이, 다방면에 걸쳐 깊이 있는 지식을 쌓아왔는지를 보여준다. 풍부한 문화적 배경과 예술적 관심은 혼자 즐기는 삶의 품격을 더욱 깊이 있게 풍성하게 만든다. 단순히 지적 호기심을 충족시키는 것을 넘어, 자연과 인간의 상호작용, 불교적 사상 등에 깊은 철학적 탐구를 통해 자신만의 세계를 창조해 내고 있다. 또한, 작가가 추구하는 삶의 방식은 소비 사회의 가치관과는 거리가 있음을 보여준다. 자연과 조화를 이루며, 재활용하고 자원을 절약하는 환경 친화적인 생활 방식을 추구한다. 주거지는 늘 산속, 자연과 둘러싸인 곳, 자체로도 한국 전통 생활을 현대적 재해석처럼 느끼게 한다. 이는 소박하고 고요한 삶을 통해 만족과 안정을 찾고 있다는 증거이기도 하다.

　사랑방이 늘 열려 있듯, 화인 같은 그도, 작가도 열린 마음으로 자신의 삶에 대한 철저한 자기 통제와 만족을 추구하면서도, 주변 사람들과 소통을 소중히 여기며 살아간다는 것을 느낄 수 있다.

　뿐만 아니라 현대 사회에서 잃어버린 삶의 방식과, 자연과 인간, 인간과 동물, 인간과 사물이 어우러지는 융합적 사고를 통해 우리에게 다가오는 삶의 조각임을 알게 한다. 단순한 현대인의 사회적 절망에서 벗어나, 우리가 잊고 있던 고유의 정서와 문화적 유산을 재조명하고 있다. 따라서, 수필은 현대 사회의 고독과 소외에서 벗어나, 자연과 인간의 조화로운 공존을 상기시키며, 깊은 사색을 이끌어 내는 길잡이가 되고 있다.

- 전략 -

　이층 사람들은 아직 그 흔한 자동차가 없다. 우리 집 차고에는 그들의 자전거 십여 대만이 화려했던 지난날을 그리워하며 노쇠한 경주마처럼 엎드려 있다. 외출 시에는 스무 개의 바퀴가 의상에 맞추듯, 그날그날의 용도에 맞춰준다. 십여 대 이상의 가족 전용 자전거를 소유한 이층 사람들은 마음 가는 대로 골라서 타고 다닌다. 일상용, 짐 운반용, 산악용, 경기용 등, 그런데 돈을 지불하고 산 것은 하나도 없다. 모두 버린 것들을 주워와 고쳐서 쓰고 있다.

　보금자리를 튼 지 며칠 안 되어 첫째가 비워둔 우리 노천 차고로 십여 대의 폐자전거를 끌어 날랐다. 그리곤 뚝딱거리기 시작했다. 자기가 자전거 고치는 기술자라나. 마당에서 내려다보던 나는 너무 대견하고 믿음직스러워 농담을 했다.

- 중략 -

　차고에만 모이던 폐자전거가 이층 굽이도는 계단 공간에까지 쌓였다. 바람 부는 날은 폐자전거 무덤 위에 씌워 둔 파란 천막갑바가 깃발처럼 휘날리기도 한다. 언젠가는 팔릴 것이라는 기대로, 식구들은 그 옆으로 다람쥐처럼 오르내린다. 그러나 성인용 자전거 두 대를 내가 사서 지인에게 준 것 외에는 수요가 거의 없다. 내 자식에게만은 새롭고 좋은 것만 안겨 주려는 젊은 부모 세대가 아닌가.

- 중략 -

　이층 아버지가 걱정을 한다. 첫째와 셋째는 지적정신장애2등급이고, 둘째는 우울증으로 방에만 틀어박힌 채 섬망에 들어 있으니 큰일이라고 입맛만 다신다. 그래도 그들은 그 누구에게도 도움이나 동정을 받으려 하지 않는다. 그들 나름으로 열심히 살아간다. 그들은 노력한 결과의 많고 적음을 따지지 않는다. 그 마음이 갸륵하고 고맙다. 특히 셋째는 정직하고 남이 싫어하는 일을 하지 않는다. 말은 어눌하지만 사람이 지켜야 하는 기본 도리를 안다. 그 형의 어지럽힘을 늘 미안해한다. 마음이 비단 같고 남을 해코지할 줄 모른다. 틈틈이 폐지와 공병, 고철을 모은다. 나도 보태준다. 그가 기꺼워하는 모습에 나도 흐뭇해진다. 지난 크리스마스 무렵, 교회에서 어떤 아주머니가 찾아왔다. 이층 사람들에게 성금을 좀 전하려는데 전혀 받지 않으려 하니, 내게 중재를 해 달란다. 다행히 며칠 후 그 아주머니가 사정사정해서 겨우 전달하고 갔다.

- 하략 -

-「이층 사람들」부분 -

    수필은 현실을 기반으로 한 감성적인 이야기를 담고 있다. 이웃의 일상을 자세히 들여다보면서도, 그들의 삶을 단순한 관찰 이상으로 깊이 이해하고자 한다. '이층' 이라는 가정을 중심으로 이루어진 수필은 시간이 흐르면서 가족 구성원들은 변화하고 성장한다는 점에서 주목받는다. 아들들이 성인으로 성장하면서 가족은 처음과 달리 많은 자전거를 소유하게 되었지만, 그 자체로 그들의 삶에 큰 변화를 가져오지는 않는다. 이는 이들이 여전히 자신들의 삶을 정직하고 성실히 살아가고 있음을 보여준다. 또한, 자동차 대신 자전거를 이용하며 친환경적인 생활을 하는 가족의 모습을 그린다.
    자전거는 버려진 것들을 수리하여 사용하는 방식으로 환경적 책임감을 강조한다. 특히 첫째 아들이 폐자전거를 수리하여 재활용하려는 노력은 그들의 지속 가능한 삶의 태도를 상징적으로 보여준다.

외부에서의 평가와 비난에도 불구하고, 이층 가족은 자신들의 삶을 소중히 여기며 살아간다. 주변 환경에 대한 미감각함을 비판하는 시각에서, 사소한 것들에도 깊은 존경을 표하는 태도를 보여준다. 이들은 다른 사람들의 기대나 평가에 영향을 받지 않고, 자신들이 선택한 삶을 온전히 살아간다.

뿐만 아니라 일상에서 눈에 띄지 않는 사랑과 배려의 흔적을 발견하는 시도를 한다. 이 이야기는 통념에 얽매이지 않고 자유롭게 살아가는 가족을 통해 우리가 소홀히 할 수 있는 인간적 가치를 상기시킨다. 또한 그들의 삶을 통해 본질적인 것들에 대한 새로운 시각을 얻게 되며, 그들이 노력하는 가치를 인정하게 된다.

따라서 수필은 삶의 여러 측면을 깊이 사색하며, 그 속에서 감동과 깨달음을 찾을 수 있음을 상기시켜 준다.

- 전략 -
매스컴에서 '행성 직렬' 우주 쇼가 있다고 야단이다. 2017년 2월1일, 초승달과 화성, 금성을 한눈에 볼 수 있단다. 실제는 세 개의 행성이 가까워진 것이 아니라, 지구에서 볼 때 같은 방향에 놓인 것처럼 보인다는 것이다. 얼른 저녁을 먹고 학고재 정자 마루에 좌정을 했다. 육안으로도 잘 보였다. 자연의 조화가 참으로 경이롭다. 문득, 길 떠나는 나그네가 되었다.
- 중략 -
밤이면 이따금 마당에 나가서 북두칠성을 바라보며, 어느 별이 가장 큰 것인가를 눈물로 가늠해 보시던 어머니께 물어보던 예닐곱 살의 기억이다. 방년,

열여섯에 하늘로 간 언니가 어머니 꿈속에 나타나서 '북두칠성 중 가장 큰 별이 되었다'고 현몽을 했다고 하셨다. 나는 지금도 밤하늘의 별들이 눈에 들어올 때면, 항상 북두칠성을 향해 어느 별이 제일 큰 것인가, 유심히 헤아리며 아린 가슴에 언니를 담는다.

- 중략 -

아랫동서가 먼저 시댁에 입주했다. 여학교 절친인 아랫동서의 속닥임에 나는 그녀의 시숙을 만났다. 신선 같은 선비라 느꼈다. 그로부터 그는 별과 같은 언어들로 편지를 보내왔다. 빵집에서도 연금술사처럼 별을 쏟아냈다. 치마폭에 별들을 쓸어 담으며 별빛에 황홀했다. 퍼내도 퍼내도 마르지 않는 별들로 꽉 차 있었다. 온통 하늘이 파란 별들로만 보였다. 고뇌하는 그의 속마음에 반짝이는 별이 되고 싶어졌다.

- 하략 -

별빛 안은 학고재는 하늘을 하얗게 물들이는 박꽃으로 핀다. 그곳에서 별빛처럼 곱게 익어가는 저녁노을이고 싶다.

- 「별빛 안은 학고재鶴皐齋」 부분 -

수필은 자연과 별을 중심으로 한 삶의 여정을 담은 감성적인 이야기로, 철학적이고 서정적인 맥락에서 일상의 순간들을 빛나게 표현한다. 특히 별은 이야기의 중심 요소로 등장하며, 의미는 여러 차원에서 깊이 있게 녹아 있다.

첫 부분은 '행성직렬'이라는 우주적 현상을 비판하며 시작된다. 이는 작가가 일상을 깊이 있게 관찰하며 자연의 아름다움과 우주의 신비를 담고자 하는 의도를 보여주는 것이다. 특히 2017년 2월 1일의 별과 행성의 조화를 통해 자연과 우주의 조화가 강조된다. 또한 가족과의 추억에서도 감정의 흐름을 자세히 담고 있다. 어머니와 언니, 그리고 자신의 어린 시절의 기억들이 별과 연결되어 깊은 감동을 준다. 어머니의 별을 향한 사랑과 그리움은 수많은 반딧불처럼 빛을 발하며 은유적인 표현으로 나타난다. 손아랫동서의 소개로 그와의 편지 속에서 별을 중심으로 한 감정의 표현이 돋보인다. 손아랫동서를 통해 예술과 자연의 만남, 그리고 서정적인 세계로의 초대가 전해진다. 이는 전원생활과 자연 속에서의 신비로움을 함께 느낄 수 있는 계기가 된다.

마지막으로, 정원과 별빛으로 물든 학고재에서의 생활은 철학적 사유와 자연과의 조화를 상징적으로 표현한다. 별빛은 곧 희망과 아름다움을 의미하며, 삶의 터전으로 자리 잡고 있음을 암시한다. 요소들이 결합되어 자연과 인간, 그리고 우주적 존재의 깊이 있는 만남을 통해 독자에게 감동을 전달하고 있다.

- 전략 -

재당질녀 결혼식장에서다. 웬 젊은이가 인사를 하며 붙잡는다. 자기가 무순이 동생 정훈이란다. 그제야 옛 생각이 나고 반가워 손을 잡고 흔들었다.

- 중략 -

며칠 뒤 한통의 전화가 걸려왔다. 책 잘 받았다며 무순이라고 밝히는 그녀의 목소리는 차분하고 교양 깊은 완숙한 마님 음성이었다. 내가 무순이를 처음 본 것은 60년 전 우리가족이 6·25 피난지에서 십여 년 둥지를 틀었다가 귀향해서다. 그가 초등학교 3·4학년 때인 것 같다. 크고 맑은 눈망울에 능수버들처럼 가냘픈 몸매가 날렵한 한 마리 사슴 같았다. 내 기억에는 어린남동생과 풍쟁이영감이란 별명을 가진 그녀의 아버지와 그 엄마는 길갓집에서 주전자에 술을 담아낸다는 것밖에. 그런데 그가 얼마나 헌신의 삶을 살고 착하고 반듯하게 사람의 도리를 다하며 살아왔는지를 알게 되었고 또 그렇게 살아가고 있다는 사실에 경외심을 자아내게 했다. 전화 속 무순이의 목소리는 계속 이어졌다.

- 중략 -

무순이는 어머니가 마지막 숙제로 어린동생을 내게 맡기셨구나! 생각하고, 자신이 동생을 키워야 된다고 굳게 다짐했다. 돈을 모아 월세단칸방을 얻어 동생을 중학교에 입학시켰다. 오로지 동생을 가르쳐서 직장을 잡을 때까지는 결혼도 포기하고 동생 뒷바라지에 전념해야 되겠다는 생각뿐이었다. 다행히 동생은 공부를 잘해서 중학교 한학기만 교납금을 부담하고 대학까지 모두 장학금으로 학교를 마치고 고등학교 교사로 임하고 있다.

그런데 내가 더 놀란 것은 그 동생이 이부(異父)동생이었다는 사실이다. 김해에서 무순이와 위로 오빠 둘을 둔 무순이 친아버지가 사업실패로 세상을 뜨자, 무순이 숙부께서 토지와 재산을 모두 팔아서 야반도주해버렸으니 집안이 풍비박산되었다. 젊은 무순이엄마가 홀로되어 살고자 속초로 왔다가 어떤 이의 소개로 우리 마을 풍쟁이영감과 재혼을 하면서 11살 큰오빠는 이웃동네로, 아홉 살 작은오빠는 자식 없는 김해 고모님 댁으로 보내져 고모님과 함께 살았다. 무순이는 일곱 살, 2년 뒤 동생이 태어나 아홉 살 차이였다. 이젠 친오빠 두 분도 세상을 하직하고 세상에 단 둘 뿐인 무순이 남매, 엄마 산소에 들를 때마다 동네 남자에게도 술 한 잔 부어 올린다. 그래도 엄마를 묻어 주었다는 생각에. 그리고 그 부인 행동이 지나치긴 했지만 이해되고 이유가 있어서 그랬을 거라 생각한다.

- 중략 -

　결혼을 포기했던 무순이도 동생이 고등학교 2학년 때, 좋은 사람을 만났다. 그러나 "동생을 지켜야 된다. 같이 살아야 한다." 고 이야기하고 결혼식을 올렸다. 남편은 전기 기술자로 일을 하고 무순이도 함께 열심히 살아온 결과 남편은 큰 전업사를 운영하는 자영업을 하고 무순이는 2008년부터 요양보호사로 일하고 있다.

　그가 돌보는 환자들은 대체로 의식이 없거나 중증환자들이다. 그의 엄마를 떠올리며 잠시도 환자 곁을 떠나지 않고 환자에게 집중한다. 책을 읽어주거나 이야기를 들려주며 환자와 눈을 맞춘다. 의식은 없어도 다 알아 듣고 표정이 바뀐다. 환자를 맡으면 그 환자가 퇴원하거나 하늘 길로 배웅하고서야만 귀가 하니 몇 달이 걸릴 때도 있다.

- 하략 -

　내가 생각하기에도 동생도 무순이도 환경에 구애받지 않고, 아주 반듯하게 자랐다. 세상에 이런 사람도 있구나 싶어 너무도 고맙고 눈물이 났다.

　스물두 살, 울 수 없었던 무순이는 아픔을 자기긍정의 힘으로 승화시켜 일흔네 살 환자들의 수호천사로 보살행을 닦으며 선인(仙人)의 삶을 살아가고 있나니….

-「무순이」부분 -

　수필은 감동적이면서도 깊은 인간적 감정을 자아내는 내용으로, 무순이의 삶을 통해 여러 가지 사회적, 인간적 이슈를 다루고 있다.

무순이는 자신의 삶을 희생하며 동생을 위해 세월을 보내고, 결혼과 직장 선택에서도 그의 선택이 어머니의 사랑과 책임을 계승하는 과정에서 깊은 의미를 찾을 수 있다. 수필은 먼저 가난과 어려움 속에서도 희생과 책임의 무게를 감내한 인간적 용기를 묘사한다. 무순이는 어린 시절부터 부친의 죽음, 어머니의 폭력과 외롭고 힘든 삶을 견디며 자신의 동생을 보살피기 위한 결심을 하게 된다. 그는 자신의 교육과 결혼을 포기하고 동생의 교육과 안락을 위해 모든 것을 바쳤다.

또한 가족과 사랑, 책임에 대한 깊은 사색을 담고 있다. 무순이는 동생을 자신의 아이처럼 여기며 무조건 지지하고 돌보았다. 결혼식에서 동생이 "누님이 있어 오늘 제가 있는 것입니다" 라는 말에 무순이는 감격과 고마움의 눈물을 흘리며 삶의 의미를 확인한다. 이는 가난하고 어려운 환경 속에서도 사랑과 희생이 얼마나 큰 힘이 되는지를 보여준다. 수필은 사회적 이슈를 다루며, 무순이의 어머니와의 관계, 주변 사람들의 부정적인 태도와의 대면에서도 그의 자신감과 희생정신을 강조한다. 무순이는 결국 요양보호사로서 사람들에게 봉사하는 일을 선택하게 되었는데, 이는 선의와 희생정신이 어떻게 진정한 의미의 삶으로 이어졌는지를 보여준다.

따라서 수필은 독자에게 많은 교훈을 전달하며, 사람의 삶과 선택이 얼마나 큰 영향을 끼칠 수 있는지를 생각해보게 한다. 결론적으로 무순이의 이야기는 우리에게 희망과 사랑의 가치를 되새기게 하며, 어떤 환경에서도 인간의 가치와 존엄성을 지키며 살아가는 데 대한 경의를 표하는 내용으로, 독자들에게 깊은 감동을 전달한다.

- 전략 -

　퇴근했던 의사가 황급히 달려왔다. 병원 복도에 들어서던 형님도 기절해 쓰러졌다. 자정이 넘은 밤이라 어렵게 어렵게 청심환을 구해 먹였다. 형님은 청각·정신 2급 장애자다. 큰조카와 나란히 침대에 뉘었다. 의사는 큰조카 머리에서 흐르는 피를 응급처치하면서 서울 큰 병원에 가란다. 깨어나도 반신불수가 될 확률이 높고 후회할지도 모른다고도 했다. 남편은 의사 앞에 무릎을 꿇었다.

- 중략 -

　천만다행으로 큰조카가 깨어났다. 기적이다. 수술 후 깨어난 큰조카의 절망과 비애감은 말로 표현할 수 없었으리라. 한순간에 불구의 몸이 되었다는 허탈감에 온 병원이 떠나가게 포효했다. 그 동생은 물론 형님까지 그의 앞에 얼씬도 못하게 했다. 그렇게 한 달여 동안 울부짖던 큰조카가 정신을 차렸는지 좀 잦아들기 시작했다.

　입원실로 기자들이 찾아왔다. 존속상해의심을 하고 가족을 조사하겠다는 것이다. 이번에는 그 변명을 하느라 무진 애를 쓰고 거짓말을 했다. 높은 나무에서 떨어지면서 뾰족한 그루터기에 머리부터 박혀서 그랬다고 입을 모으자고 했다. 하지만 병원에서도 믿지 않으려 했다. 마침 원무과에 큰조카 동기생이 있어 그에게 매달렸다. 그의 도움으로 겨우 의료 혜택까지 받을 수 있었다. 그렇지만 나는 오랫동안 자책했다.

- 하략 -

　30여 년 전, 남편의 퇴직금과 빚으로 보태 어렵게 마련한 조립식 건물을 딸에게 상속해 9년 소유하다가 팔았다. 세금을 47%냈다. 억울한 마음을 금할 수 없었다. 돌이켜 생각해보니 기초생활수급자가 된 형님네가 국민 세금으로 장장 30년을 살아가고 있지 않은가. 형님네가 받은 혜택의 대가라 생각하고 마음을 달랬다. 아팠던 마음이 평온해진다.

　오! 하늘이시여, 부디 우리 형님네를, 더는 시련 없이 좋은 날들로 이어지게 하소서.

-「오, 하늘이시여」 부분 -

　수필은 가족 간의 사랑과 희생, 그리고 비극적인 사건들을 통해 인간의 삶의 복잡성과 깊이를 탐구한다. 작가는 강렬한 이미지와 감정적인 서술을 통해 독자의 마음을 사로잡으며, 가족 구성원들 간의 복잡한 관계와 그들이 겪는 시련을 섬세하게 묘사한다.

　작품 속에서 가장 두드러진 것은 주인공의 내면적 갈등이다. 그녀는 조카들을 자신의 자식처럼 돌보며, 그들의 안녕을 위해 자신의 삶을 희생한다. 이는 헌신적이며 감동적이지만, 동시에 그녀의 인내심과 자아를 시험하는 요소로 작용한다. 작가는 이러한 갈등을 통해 가족 내에서의 역할과 책임에 대한 사회적 기대와 개인의 욕구 사이의 긴장을 탐구한다.

　또한, 가족의 비극적인 사건을 통해 인간의 취약성과 회복력을 보여준다. 큰조카의 사고와 그로 인한 신체적, 정신적 고통은 독자에게 깊은 인상을 남긴다. 작가는 사건을 통해 삶의 불확실성과 인간이 직면할 수 있는 극단적인 상황을 그려낸다.

문체는 직설적이면서도 서정적으로 단순한 서술을 넘어서, 감정의 미묘한 변화와 인물들의 심리적 상태를 세밀하게 포착한다. 이는 독자가 작품 속 인물들과 감정적으로 연결하여, 그들의 경험을 더욱 생생하게 느끼게 한다.

총체적으로 인간 존재의 본질적인 문제들을 탐구하며, 가족이라는 주제를 통해 보편적인 진실과 감정을 전달한다. 뿐만 아니라 작가는 강렬한 서술과 깊이 있는 내용으로 독자의 마음을 움직이며, 우리가 공감할 수 있는 인간의 조건에 대해 성찰하게 한다. 이러한 점에서, 수필은 문학적으로 매우 가치 있는 작품으로 평가한다.

- 전략 -

　어머니는 부뚜막 이맛돌을 뽀얗게 분칠해 주는 걸로 설거지를 마무리하셨다. 끼니때마다 빈 아궁이 속에 감춰 두었던 이 빠진 옹자배기의 진흙물로 그리 치장하셨다. 막내 고모가 시집을 갈 때도 "사람 집에는 뒷간이 깨끗해야 한다." 며 정낭 흙벽에 고운 흙물을 입히며 선량한 웃음을 복사꽃처럼 날리시던 어머니였다.

- 중략 -

　세 살배기 아이가 되어버린 증조할아버지는 온통 변으로 벽화를 그리고 풍경화도 그리셨다. 그림 속 물컹한 원초적 향기가 온 방안을 적셨다. 할머니는 증조할아버지의 명주고름 같은 남자를 이리 저리 돌리며 씻기고 자리도 걷어냈다. 방바닥을 호미로 파내 그 위에 진흙을 덧바르고 흙질까지 하시던 할머니, 끝내 그 시아버지를 부여잡고 울음을 터트리기도 했다.

- 중략 -

어느 일요일, 책상을 두세 층씩 올리며 사면·四面 벽을 칠했다. 마른 뒤에 보니 걸레가 쓸고 간 자리들이 팔매선을 그리며 너울너울 파도를 타고 있었다. 그래도 까치버섯밭보다야. 마음까지 날아갈 듯 맑아오는 시골고라리(어리석고 고집 센 시골 사람을 놀림조로 이르는 말)였다. 얼마 뒤 흙질도 귀얄로 할 수 있다는 것을 알게 되었다. 마룻바닥도 아이들과 함께 짚수세미로 때를 벗겨내고 치잣물을 먹여주니 수선화 꽃밭이 되고, 그 위에 양초칠 덧옷을 입히니 어느새 미끄럼틀이 되었다. 동화 나라 놀이터인 듯 아이들의 재잘거림이 교실에 넘쳐났다.

- 하략 -

맥질은 어머니의 얼굴 같은 애잔함과 구수함이 서려 있다. 할머니의 숨결이 흐르고 애틋한 그리움이다. 맥질한 황토벽에는 추억의 오솔길이 어렴풋하고 흙함지를 이고 가는 한 소녀가 있다.

- 「맥질의 숨결」 부분 -

수필은 전통적이고 토착적인 생활 방식과 인간들의 삶을 담고 있다. 작가는 자신의 어머니와 할머니를 중심으로 한 집안의 일상을 통해 흙의 소중함과 맥질의 중요성을 강조한다.

또한 자연과 조화를 이루며 살아가는 데에 있어서 흙이 가진 미덕을 찬미한다. 집안 곳곳에 흙질이 들어가는 과정은 단순한 물리적 작업을 넘어서, 상징적 의미가 있다. 집집마다 쌓인 흙은 세월을 거치며 진흙이 고인 곳에서부터 새로운 삶이 피어난다는 자연의 싸이클을 상징한다.

어머니와 할머니는 흙질을 통해 집안을 관리하며, 집안이나 가정을 효율적으로 관리하는 동시에 정성스럽게 관리하는 모습이 인상적이다. 그들의 행동은 물리적 공간을 꾸미는 것뿐만 아니라, 그 안에서 삶을 살아가는 자세를 보여준다. 특히, 할머니가 집안을 흙질로 정돈하며 전통을 이어가는 모습은 한 가족의 정체성과 고유한 문화를 지키고자 하는 의지를 보여준다.

뿐만 아니라 현대 사회와의 대비를 통해 흙과 맥질의 중요성을 강조한다. 현대의 조립식 건물과 같은 공업화된 건축물은 겉으로만 보기에는 깔끔하고 현대적이지만, 그 안에는 인간의 삶과 깊이 있는 문화가 녹아들지 못한다는 점에서 부족함을 지적한다.

따라서 수필은 흙의 소중함과 맥질의 중요성을 통해 현대인들에게 생각할 거리를 제공한다. 자연과 조화를 이루며, 고유의 문화와 전통을 소중히 여겨야 한다는 교훈을 얻게 된다. 작가는 과거와 현재를 넘나들며 흙이 가진 매력을 통해 독자에게 진한 감동을 준다.

- 전략 -

막냇동생이 6톤 고압 살수차를 새로 구입했다. 차 고사를 지낸다고 연락이 왔다. 딸아이와 함께 팥시루떡을 시루째 들고 갔다. 형제들과 사업체 사람들이 꽤나 모였다. 스님이 된 제부 친구도 오셨다. 그 스님 집도(執道)로 액운은 사라지고 사업이 무궁번창하며 풍요와 행운이 깃들도록 모두가 기원해 준다. 제상위에서는 돼지머리가 중생들의 고뇌를 복스러운 웃음으로 퍼 붓는다. 순간, 내 기억은 공중 부양하여 60여 년 전으로 달려, 벅적이는 시골 친정집 부엌에 도착한다.

- 중략 -

　돼지머리 삶기는 어머니 몫이다. 연못 같은 가마솥에서 장작불로 열탕욕을 시킨다. 많은 일들을 맑은 못에 달그림자로 두름성 있게 잘 처리하던 어머니지만, 이것저것 챙기다가 그만 시간을 놓쳐 버렸다. 홍시같은 돼지머리를 앞에 놓고, 어머니의 얼굴은 한겨울밤 순백의 눈발로 덮여간다. 천둥벼락으로 다가올 아버지의 성품을 알기 때문이다.

- 중략 -.

　시제에는 뭐니 뭐니 해도 떡이 최고의 제물이었다. 떡을 높이 괴는 것이 가문의 위상이고 자랑이던 시절이었다. 떡쌀은 한 가마니가 보통이었다. 온 집안 아낙네들이 모여 디딜방아로 빻았고, 쌀가루에 끊는 물 고수레를 한 다음 주물럭 반죽으로 꽉꽉 쥐어 주먹 크기의 떡밥을 만들었다. 무쇠 솥에 떡시루를 얹고 시룻방석을 놓아 시룻번을 바른 다음 떡밥을 쪄내는데 송이 떡이라 불렀다. 나는 막 쪄낸 그 송이 떡이 먹고 싶어 껄떡거렸으나 부정 탄다고 얼씬도 못하게 했다. 어머니가 한눈파는 사이 슬쩍 집어 먹던 그 맛은 잊을 수가 없다.

- 중략 -

　고사상위에서 싱긋거리는 돼지얼굴과 눈 웃음 추고 있는데, 올케가 잔을 올리라고 옆구리를 찌른다. 화들짝 놀란 나는 '그저 우리 동생네 밝은 날들로만 이어지게 해주십사' 두 손을 모은다. 고사를 지낸다고 특별하기야 하련마는 마음의 안정이 아니겠는가. 사람은 마음먹기에 달렸다지 않는가.

- 하략 -

　시제는 만남이다. 시제는 모임이요. 나눔이요. 융합과 우애의 구심점이다.

조상을 흠모하며 그 음덕을 기리고 소통과 대화의 장이며 소원을 기원하는 자리다. 또한 시제는 효의 근본이라 생각한다. 조상이 있으므로 내가 존재함을 새삼 깨닫는다.

- 「돼지 대가리와 시제時祭」 부분 -

  수필은 전통적인 한국 시골 생활을 풍미를 풍기게 묘사하며, 작가의 아버지와 가족의 추억을 중심으로 풀어낸다. 작품은 풍성한 서술력과 감정의 깊이를 통해 독자를 과거로 끌어들이며, 시절의 사회적 모습과 문화적 관습을 생생하게 그려낸다. 시제를 중심으로 한 가족의 모임에서의 일면을 통해, 한국인의 정서와 풍토를 생동감 있게 전달한다.
  작품은 독자에게 고유한 우리의 전통과 문화를 체험할 기회를 제공하며, 시골 생활의 단면을 상세하게 묘사하여 현대 사람들에게도 공감과 이해를 이끌어낸다. 특히 돼지머리를 중심으로 한 제상의 장면은 작가의 감정을 짙게 전달하면서도, 생동감 있는 서술로 독자들에게 인상을 심장 깊이 남긴다.
  작가는 문학적인 서사를 통해 일상의 사소한 순간들을 주옥같이 담아내며, 그 속에서 사람들 간의 연대감과 가족의 중요성을 강조한다. 고유의 문화적 맥락을 잘 살려내어, 전통과 현대의 접점에서의 갈등과 조화를 섬세하게 그려낸다.

종합적으로 수필은 문학적 표현력을 통해 독자에게 깊은 감동을 전달하며, 과거의 시골 생활을 자세히 그림으로써 우리에게 자부심과 공감을 주고, 외국 독자들에게는 우리 문화의 아름다움을 소개한다.

- 전략 -

그의 그런 예는 전에도 있었다. 그의 젊은 시절 이야기다. 어떤 큰 여관집에서 전화 한 대에 여러 대를 접속시켜 사용했는데, 몇 번의 시정 연락에도 듣지 않아 그가 직접 가위를 들고 가서 잘라버렸다. 그런데 알고 보니 그 여관집 아들이 서울에서 검사로 있다는 것이다. 물론 발칵 뒤집혔지만 법대로 했으니 몇 번의 엄포와 트집이 있었지만 곧 잠잠해지더란다. 60년대는 전화기가 부의 상징이기도 하던 시절이었다. 회선이 부족하고 전화 가입이 어려워 사용권을 매매할 때였다. 백색전화와 청색전화가 있었고 백색전화는 고가로 사고팔던 시절이었다. 특히 사업장에서는 한 전화선에 여러 대의 전화를 접속해서 사용했기 때문에 단속이 심했다.

- 중략 -

그는 직장생활 외 틈나는 시간에는 분재와 수석, 낚시를 취미로 했고, 정년에 앞서 오년 먼저 명예퇴직하고는 시골에 오두막을 장만해 시와 서화, 서각의 취미생활로, 바꿔 일상을 보냈다. 작품도 수준급이라 공모전에 출품하라는 주위의 성화에도 "내 좋으면 그만이지 이 나이에 무슨 들고 왔다 갔다 해" 했다. 내 안에 즐거움으로 소박하게 일상을 보내던 그는 누구보다도 부자로 살았다. 인격을 관리하는 것도 재산 형성이라고 하던 그는 곁불을 모르던 사람이었다. 노후에 거리낌 없는 마음으로 지낼 수 있는 것도 공직기간 나름 깨끗이 생활한 탓이라 했다. 살면서 마음에 걸리는 것 하나가 있다면, 여관집의 전화선 자른 일이라 했다. 돌이켜 생각하면 그렇게까지 하지 않았어도 되지 않았을까 생각된다고 했다.

- 하략 -

　남편을 지켜보는 내내 때론 힘들고 아플 때도 있었지만 고결한 그의 정신세계가 존경스럽고 뿌듯했다. 퇴직 후 자연인이 되고 싶다며 통장도 손전화기도 없이 살다 하늘의 별이 되었다. 그는 별 중에서도 맑은 별이 되었으리라.

-「별이 되었으리라」부분

　수필은 '대쪽'이라 불리는 남자의 삶을 그린 이야기다. 작가는 남편의 경험과 행동을 통해 그의 인격과 도덕적 특성을 사실적으로 묘사하며 독자에게 전달한다. 그의 직장 생활에서부터 가정생활까지를 포괄하며, 사명감과 청렴한 삶을 중심으로 이야기가 전개된다.

　첫째로, '대쪽'은 청소년 시절부터 늘 자신을 위한 선택을 했다. 젊은 시절에 이루어진 일들은 그가 당시 상황에서 도덕적으로 옳다고 믿은 행동을 반영한다. 예를 들어, 전화선을 잘라 사법적인 절차를 밟은 사건이 그의 인격적 결단력을 드러낸다. 이는 그가 끝까지 자신의 신념과 원칙을 지키는 인물임을 보여준다.

　둘째로, '대쪽'의 직장 생활은 도덕적 투철함을 강조한다. 그는 공무원으로서 정직과 청렴을 유지하며 직무를 수행했다. 또한, 여러 사건에서 행한 선의의 행동들은 그가 자신의 삶을 통해 타인에게 나눔을 실천한 사람임을 보여준다. 예를 들어, 직원들에게 고기를 대접하는 일이나 집배원의 일정 문제를 해결하는 과정에서 보여준 배려와 관대함은 그의 인간적인 면모를 강조한다.

　셋째로, 그의 노후는 자연과 교감하며 소박하게 보내고자 하는 의지를 보여준다. 노후에도 자신의 가치관을 변함없이 지키며, 삶의 끝까지 청렴과 정직함을 간직한다. 유언은 그의 삶이 어떻게 사람들에게 깊은 감동을 줬는지를 잘 보여준다.

　수필은 우리에게 청렴과 인간성의 빛나는 모습을 선사한다. '대쪽'이란 별명은 그의 삶에서 얻은 존경과 사랑을 의미한다. 그의 이야기는 우리에게 그를 따라가고 싶은 도덕적인 본보기를 제시한다. 결론적으로, '대쪽'의 삶은 우리에게 통찰을 주며, 그의 인격적인 특성을 높이 평가할 필요가 있다. 따라서 독자에게 인간적인 가치와 존경스러운 삶의 전환점을 고찰하게 한다.

　- 전략 -

　집수리를 시작했다. 아들이 외국 연수를 간다기에 기회다 싶었다. 작으마하게 하려던 것이 크게 벌어졌다. 제일 문제가 책들을 정리하는 것이었다. 남편은 거실을 나는 내방을 서재로 썼었다. 남편이 공무원이었고 시인이자 독서회원, 서예·문인 화를 했고 오랜 기간 구독한 월, 계간지 및 단행본들, 서양화와 사진을 전공한 딸의 화보, 전문서적, 각종사전류들, 그리고 내게 보내온 수필집 등 온 집안이 책들로 가득 채워져 있다.

　- 중략 -

　90년부터, 4년 동안 삼척 맹방초등학교에 근무한 적이 있었다. 전국에서 제일 아름다운 학교로 선정되어 대통령 포상금으로 교사校舍보다 더 큰 실내 체육관이 지어져 삼척군 교사들의 각종 연수 장소로, 전국 여름 해변학교 연수 장으로도 널리 사용되었었다.

 교장선생님의 부지런함과 절약정신은 모범이셨다. 늘 호미를 들고 축구장 같은 잔디밭 교정에 앉아 계셨고, 사무용 메모지로는 지나간 달력 뒷면을 이용하셨다. 출장에서 남은 여비는 경리담당께 반납하시곤 하셨다. 소각장에도 수시로 나가셔서 낭비되는 종이가 없도록 하셨다. 손수 비를 들고 교정 뜰이나 아이들 화장실을 청소하시며 물을 아끼도록 주의 하셨다.

- 중략 -

 나는 학창시절에 글쓰기나 문예반을 기웃거린 적이 없었다. 쓰고 싶을 때 푸념정도로 일기를 썼다. 교직에 몸담고, 초년에는 그저 페스탈로치 후예가 되겠다는, 열정하나로 아이들과 들로 산으로 일요일을 추억 만들기, 현장학습으로 반납했고 내 아이를 키우면서는 일에 묻혀 버스를 예닐곱 번씩 갈아타면서 4~5인 역을 했다. 40대가 넘어서면서 누가 시키지도 않았는데 교장선생님 인사말까지 써가며 스스로 줄판에 철필로 등사지를 긁어서 학교 신문을 냈다. 그 후 부터는 담임했던 어린이들에게 글짓기를 권장해 '어린이강원'에 게재되는 재미로 계속 투고케 했다.

- 하략 -

 문집에는 좋은 동시, 산문들이 많다. 지금쯤 아름다운 문인이 되어 있을 어린이도 있지 않을까. 삼십 여년 훨씬 전에 만들었던 아이들의 비뚤배뚤 보배 같은 천진한 육필원고, 작품들이 선한 본성을 울리는 마음으로 읽혀져 미소를 머금는다.

- 「미소를 머금다」 부분 -

수필은 일상에서의 작은 사건들을 통해 인간 본성의 따뜻함과 아름다움을 살핀다. 작가는 집안의 책 정리를 시작으로 그간의 기억을 회상한다. 남편의 책들과 교사시절 만들었던 학급문집들이 등장하며, 과거의 추억이 새록새록 떠오른다.

특히 삼척 맹방초등학교에서의 근무 경험은 매우 인상 깊게 묘사되어 있다. 교장 선생님의 절약 정신과 부지런함, 학생들과 가까운 관계 등이 살아 숨을 쉬는 학교생활을 그린다.

작품의 감성적인 요소는 주로 두 가지 방면에서 빛난다. 첫째, 책과의 애정 얽힌 이야기는 문학과 인문학에 대한 깊은 애정을 반영한다. 남편의 책들을 보내는 장면에서는 시간과 추억을 함께 한 이들의 삶을 은유적으로 담아내고 있다. 둘째, 삼척 맹방초등학교에서의 교육 현장은 사람 사이의 따뜻한 연결고리를 보여준다. 학생들과 교사들 사이의 자연스러운 소통과 협력이 담긴 에피소드들은 가슴 따뜻한 감정을 자아낸다.

수필은 작은 사실들의 집합체로, 독자들에게는 공감과 사색의 여백을 열어주며, 일상의 소소한 순간들이 얼마나 소중하고 가치 있는지를 되새기게 한다. 또한, 어린이들의 창의성과 잠재력을 통해 미래를 밝게 바라볼 수 있는 희망의 메시지도 담겨 있다. 작가는 과거의 추억을 통해 현재를 되돌아보고, 그 속에 담긴 삶의 가치를 새롭게 깨닫게 한다.

따라서 인간 본성의 따뜻함과 삶의 깊이를 경험할 수 있는 기회를 독자들에게 제공한다. 그 속에는 어른들과 아이들 모두가 함께하는 삶의 따뜻한 풍경이 펼쳐져 있다.

- 전략 -

이른 봄날, 한낮의 햇살이 솜털마냥 보드라웠다. 우리는 도랑 건너 삼십 평 정도 되는 취나물 밭을 손질하러 갔다. 취나물은 아직 세상 밖으로 얼굴을 내밀지 않았지만, 밭 손질을 깨끗이 해 놓고 마중할 채비를 하려는 심산이었다.

지난여름 무성했던 잡초들의 잔해가 뒤엉켜 있었다. 한 길이나 자란 채로, 말라붙고 비틀어져 있는 잡풀들을 태워버리면 애써 뽑지 않아도 일이 쉽게 끝날 것 같았다.

- 중략 -

허겁지겁 잔솔가지를 꺾어서 함께 불길을 후려치고 발로 비벼댄다. 그러다 온몸을 덮어 뒹굴어 보았으나, 불길은 우리 부부를 놀리기라도 하듯이 도깨비불을 달고 성큼성큼 장대 뛰기를 한다. 마치 날 잡아보란 듯이. 죽을힘을 다해 불을 꺼 보았지만 역부족이다. 사나운 불길은 두릅밭 육백 평에 옮겨 붙더니 순식간에 위쪽 삼백 평 밭에까지도 벌겋다. 3m로 포장된 산길, 건너편 잔디로 불똥이 뛰어간다.

- 중략 -

화상에는 소주를 바르면 좋다는 말을 들은 기억이 어렴풋이 떠올라서 부엌 구석의 소주병을 꺼내 얼굴과 무릎에 사정없이 들이부었다. 정신이 혼미해지는 것 같아 그만 바닥에 벌러덩 누워 버렸다. 모든 걸 포기했으니, 경찰이 오면 잡혀갈 각오로 말이다.

- 중략 -

그날 나는 시내 집으로 돌아와서 병원에도 못 가고 겨우 약국에서 연고만

사다가 발랐다. '도둑이 제 발 저리다' 는 속담처럼. 다행히 화상연고제에 소염 진통제가 함유되어 있어서 진통은 차츰 가라앉았다. 이튿날 연고를 얼굴에 머드 팩처럼 처바르고 다시 오두막으로 갔다. 조사 나올 것에 대비해서 땅 속에 묻어 둔, 휴대폰 때문이다. 그을음을 뒤집어쓰고 녹아있는 휴대폰을 꺼내서 한적한 곳에 더 깊숙이 묻었다. 집 주위를 탐지기로 땅 속까지 조사할 것 같다는 생각이 들었기 때문이었다.

- 하략 -

그리고 어언 20년이 지났다. 남편은 뒷동산 나무 밑이 자기 집이라며 가부좌를 틀고 참선하고 있다. 불길에 스쳤던 두릅 밭도 무성하게 어우러졌다. 그러나 절박했던 그 순간을 떠올릴 적마다 나는 죄인이 된다. 두릅 밭에 갈 때마다 남편에게는 그저 미안하고 가슴이 먹먹해지며 죄를 지은 전과자 심정을 감출 수가 없다. 그때처럼 그렇게 절박하고 간절하게 '아미타 부처님'을 불러본 기억이 없다. 지금 생각해도 위기를 모면했던 것은 부처님 가피가 아니고서는 도저히 있을 수 없는 일이었느니…

"나무아미타불, 나무아미타불"

- 「천방지방」 부분 -

수필은 인간의 삶과 그 안에 내재한 갈등, 그리고 그 갈등을 통해 우리가 얻는 깨달음에 대한 깊은 이해를 제공한다. 작가는 봄날의 한 장면을 시작으로 독자를 그림 같은 풍경 속으로 끌어들인다. 이는 독자가 작가의 경험을 공감하고 그 감정을 체험하게 만든다.

작가는 일상의 한순간에서 비롯된 사건을 통해 인생의 큰 교훈을 전달한다. 불을 지른 것은 단순한 실수일 수 있지만, 결과는 예상치 못한 참사로 이어진다. 이는 우리의 행동이 얼마나 예측할 수 없는 결과를 초래할 수 있는지를 보여주는 좋은 예다.

또한 작가는 이 사건을 통해 삶의 가치에 대해 깊이 생각하게 한다. 자신의 실수를 인정하고 그 결과를 받아들이는 과정에서 삶의 의미를 찾아간다. 이는 인간의 삶이 완벽하지 않음을, 실수와 그로 인한 결과를 받아들이는 것이 중요함을 강조하는 것이다.

마지막으로, 작가는 수필을 통해 우리에게 용서와 이해의 중요성을 깨닫게 한다. 자신의 실수를 용서하고, 실수를 통해 배운 교훈을 삶에 적용하는 모습을 보여준다. 이는 우리에게 자신의 실수를 용서하고, 그것을 통해 배우고 성장하는 것의 중요성을 일깨워준다.

따라서 수필은 삶의 가치, 용서, 그리고 성장에 대한 깊은 이해를 제공한다. 작가의 섬세한 필치와 생생한 묘사는 독자가 이야기에 몰입하게 만들며, 그를 통해 자신의 삶을 되돌아보게 한다. 이것이 문학의 힘이며, 이 수필이 우리에게 주는 가장 큰 선물이다.

- 전략 -

　아버지는 교육에 대한 열정이 남달랐다. 피난살이 시절이었지만 밥은 굶어도 배워야 한다는 아버지의 신념이 초등학교 졸업생 29명 중 오직 나 혼자만 중학교에 진학하게 해 주셨다. 마침 폐교되었던 길안중학교가 안동중학교 길안분교로 인가돼 입학생이 사오십여 명이었다. 그 중 여학생은 9명이었다. 다행히 아랫마을에 이사 온 친구가 있어 등하굣길이 즐거웠다.

왕복 통학거리가 30여리나 되었다. 고샅을 돌아 나오면 쭉 늘어선 미루나무 신작로, 그 길을 가로지르며 굽이돌아 흐르는 낙동강 지류인 길안 큰 강을 자그마치 세 번 건너야 한다. 강을 건너기 전 첫 번째 자갈모래밭 쑤(숲)가 쫙 펼쳐지는 앞에서 친구를 만난다. 그 소를 끼고 강가를 따라 한참을 더 걸어 강물을 건너다 보면 물고기들이 내 정강이를 자기들 먹이창고로 알고 달려들곤 한다.

- 중략 -

5, 6월이면 온 강가에 하이얀 꽃길이 이어진다. 지천으로 피어오른 하얀 찔레꽃은 강변을 온통 옥양목 바래기 하듯 뒤덮고 물안개 품은 향기는 저녁연기 피어오르는 강마을 등성이로 넘어간다. 꽃처녀 된 소녀들, 향기로 시장기 채우고 벌 나비들과 눈빛으로 노래하며 입속 가득 꽃잎을 털어 넣는다.

- 하략 -

30여 년 전 우리 집 지을 때 추억 속 찔레나무 한 그루를 마당가에 심었다. 생장이 빠르고 잘 자라 튼실하게 꽃을 피웠다. 향기도 여전했다. 열매도 예전과 똑같이 탐스럽고 빨갛게 익었다. 찔레 순을 꺾어 입에 넣어본다. 그 맛이 아니다. 그때 그 하얀 교복 깃의 소녀를 찾아 찔레꽃 핀 강가를 한없이 거닐어 본다.

- 「찔레꽃 친구」부분 -

수필은 과거의 추억과 현재의 반성을 통해 인생의 깊은 의미를 탐색하는 작품이다. 작가는 자신의 어린 시절을 회상하며, 그 시절의 무심한 즐거움과 순수함, 그리고 찔레꽃의 상징성을 통해 우리에게 인생의 가치에 대해 묵상하게 한다.

어린 시절 교육에 대한 아버지의 열정과 친구와의 소중한 추억, 그리고 찔레꽃과 함께한 행복한 순간들로 가득하다. 이 경험은 작가에게 교육의 중요성과 인간관계의 소중함, 그리고 자연과 깊은 연결이다.

찔레꽃은 수필에서 중요한 역할을 한다. 봄의 시작을 알리는 신선한 향기와 아름다운 모습으로 작가의 마음을 설레게 하고, 동시에 어린 시절 친구와의 소중한 추억을 떠올리게 한다. 또한, 변화와 성장의 상징으로, 현재의 자신을 반성하고 미래를 향한 희망을 갖게 하는 역할을 한다.

따라서 수필은 과거의 추억을 통해 현재의 삶을 이해하고 미래를 향한 희망을 찾는 과정을 아름답게 그려낸다. 특히 작가의 섬세한 필치와 감동적인 이야기는 인생의 소중함과 가치를 일깨워주며, 자신의 삶을 돌아보게 한다. 이것은 결국 우리에게 과거의 추억을 소중히 간직하고, 현재의 삶을 소중히 살아가며, 미래를 향한 희망을 품는 것의 중요성을 깨닫게 한다. 이러한 깊은 메시지와 함께, 우리에게 인생의 진정한 가치에 대해 생각해 볼 기회를 제공한다.

- 전략 -

60년대 초까지만 해도 초례청에 닭이 올라앉아 있었다. 닭은 원래 하늘을 나는 새였다. 그리고 상서로운 동물이라 했다. 어쩌다 인간에게 잡혀 케이지 독방에서 알 낳고, 날 수 없는 비만이 되었다. 수탉은 그 고고하고 우렁찬 목소리로 미명을 깨워 새벽을 불러온다. 속담에 "수탉이 울어야 날이 새지" 라는 말이 있다. 즉 권위 있는 자가 주장하여 일을 처리하면 잘 풀린다는 뜻이고 가정에서는 남편이 주장하여 일을 처리하여야 제대로 일이 됨을 비유적으로 이르는 말이다.

- 중략 -

닭들의 세계도 인간들의 세계와 비슷하다 동생이 닭장에 들어서면 닭들은 마치 인기연예인과 셀카 찍듯 우우 모여든다. 어머니에게 먹을 걸 내 놓으란 듯이 구구거리며 따라다닌다. 주인 곁으로 모여드는 닭들을 보면 권력을 쫓는 인간들을 생각하게 된다. 권력자나 실세에는 사람들이 꼬이는 법이다. 가끔 까마귀 떼들이 날아들기도 한다. 매가 나타났다는 신호다. 닭들은 기겁을 하고 숨지만 까마귀들은 매 주위를 따라다닌다. 매가 먹고 남긴 사냥감을 얻어먹기 위해서다. 갓 깨어난 병아리들은 담장아래 핀 개나리꽃마냥 너무 귀엽다. 아기일 때는 사람이나 짐승이나 모두 귀엽다.

- 하략 -

친정집에 갈 때면 마당에서 자라는 강아지들에게 먹을 것을 갖다 준다. 매우 반가워하며 꼬리를 흔들고 인사를 한다. 올케 말이 한번 먹이를 준 사람은 희한하게도 잊지 않고 기억 한다고 했다. 옳지 못한 행동을 하는 자를 개만도 못한 인간이라고 하는 말이 생각난다. 인간도 동물이다. 짐승이나 인간이나 동물의 세계는 매한가지다. 인간들도 사리사욕을 위해서는 권모술수나 이전투구에, 배신을 일삼지 않는가. 선거철인 요즘, 우리나라 국회의원 후보자들 몇의 면면을 살펴보면 짐승보다 나을게 무에 있는가.

여름 삼복더위에 닭들은 사람들의 몸보신으로, 또는 각가지의 이름을 단 '치킨'으로, 살아생전 받은 은혜를 소신공양한다. 닭은 알고 있다. 저 잘났다고 하는 인간들 중에도 닭대가리만도 못한 인간이 있다는 것을.

-「닭은 알고 있다」부분 -

수필은 닭과 인간의 삶을 교차시켜 풍부한 비유와 상징을 통해 우리 사회의 다양한 측면을 성찰하게 한다. 작가는 닭의 삶을 통해 인간의 본성과 사회적 관계를 탐구하며, 동시에 자연과 인간의 연결고리를 강조한다. 닭이라는 동물을 통해 인간의 권력욕, 생존 본능, 그리고 사회적 계층 구조를 효과적으로 드러내며, 이를 통해 독자에게 인간 사회의 모순과 본질을 되돌아보게 만든다.

또한 닭의 서열과 사회적 상호작용을 통해 인간 사회의 권력 구조와 그에 따른 인간관계의 복잡성을 비유적으로 표현한다. 닭들 사이의 경계심과 서로에 대한 경쟁은 인간 사회의 불신과 경쟁을 반영하며, 이는 권력을 중심으로 모이는 인간의 본능적 행동과 맞닿아 있음을 보여준다. 뿐만 아니라 닭들의 생존 전략과 인간의 보호 본능을 비교하며, 인간과 동물 사이의 공통된 생존 본능을 강조한다.

수필은 인간의 잔인함과 이기심을 비판한다. 싸움닭의 비극적인 운명은 인간의 오락거리로 전락한 동물의 삶을 상징하며, 인간 사회의 이기적인 면모와 잔인함을 드러낸다. 작가는 인간과 동물의 공통된 감정과 본능을 통해 인간의 도덕성에 대한 질문을 던지며, 독자에게 인간 본성에 대해 깊이 성찰하게 만든다.

따라서 닭과 인간의 삶을 통해 인간 사회의 다양한 측면을 탐구하며, 독자에게 자연과 인간의 관계, 그리고 인간 본성에 대해 깊이 생각하게 한다. 섬세한 관찰과 풍부한 비유는 이 수필을 문학적으로 깊이 있는 작품으로, 독자에게 강렬한 인상을 남긴다. 이러한 문학적 접근은 우리가 살아가는 세계를 새로운 시각으로 바라보게 하며, 인간과 자연의 관계를 재고하게 한다.

에필로그 Epilogue

　김선자 수필가의 수필 세계를 몇 편의 수필을 통해 이해한다는 것은 장님 코끼리 만지기와 다를 바 없다. 수필가의 내면과 그의 경험의 깊이를 비롯한 삶의 궤적을 알 수 없다. 그의 깊은 내면을 들여다 본 적이 없고, 그의 아픔의 크기를 가늠해 본 적도 없고, 그의 삶의 무게를 함께 나눠서 져 본 적이 없다. 그러나 그의 수필을 통해 알 수 있는 것은, 그가 수필을 통해 자신을 위로하고 위무하면서 살아왔다는 사실과 그의 수필들이 반성과 성찰의 과정을 겪으면서 독자들의 허기진 생각을 긍정적으로 채워주고 있다는 점이다. 그는 가치 있는 수필을 쓰고 남기고자 하는 열망을 가지고 있으며, 때로는 예상치 못한 순간에 예상치 못한 수필을 건져 독자와 깊은 교감을 나눌 수 있는 소통의 길을 열어주고 있다.

　김선자 수필가의 수필은 화려한 수사나 달변의 문장이 아닌, 가슴으로부터 우러나오는 깊은 사유와 감정으로 이루어져 있음을 수필집「다섯 그리고 둘」곳곳에서 만난다. 그의 수필들은 때로는 서정적이고, 때로는 서사적으로 생활 속에서, 골목에서, 삶의 현장에서 만난 이야기들로 가득 차 있어서 우리는 그의 수필에 환호하고 기다린다. 수필가는 침착하고 세세한 감각으로 자연과 세상을 바라보며, 보고 느낀 것들을 기록함으로써 끊임없이 창작의 영감을 얻는다. 이러한 노력과 집중력은 다른 문인들에게 본보기가 된다.

그의 수필적 진정한 매력은 자연 현상과 사물이 들려주는 이야기에 귀 기울이고, 사물에게 수필로 말하게 하는 시도에서 비롯된다. 김선자 수필가에게 시간과 세월은 강물처럼 하염없이 흘러가는 것이 아니라, 황금 만 냥처럼 소중한 것이다. 그의 수필에는 역사와 자연과 인간이 공존한다. 그가 체험한 수많은 사건이 함축과 은유와 비유와 상징을 통해 때로는 긍정적으로 때로는 부정적으로 생생하게 묘사되어 있다.

결국 수필은 감정과 감성으로 버무려진 문학이다. 문장과 문장들이 어깨를 짜고 문학적 버팀목이 되어야 한다. 큰 것을 보는 것보다 작은 것을 보는 눈을 가져야 하고, 넓게 생각하는 것보다 깊게 생각하는 자세와 마음 그릇이 필요하다. 삶이 버겁고 힘들고 팍팍하다고 느껴지는 것은 외부의 문제가 아니라, 자신의 내면이 건조한 탓이다. 수필집 『다섯 그리고 둘』의 발간을 진심으로 축하하며, 많은 독자의 사랑 받는 명작으로 거듭나기를 바란다. 앞으로도 김선자 수필가의 수필에 거는 기대가 크다.

정성수

- 저서 : 시집 공든 탑, 동시집 첫꽃, 동화 폐암 걸린 호랑이 등 다수
- 수상 : 세종문화상, 소월시문학대상, 윤동주문학상, 황금펜문학상, 전라북도문화예술창작지원금, 아르코문학창작기금. 한국출판문화, 산업진흥원 출판콘텐츠 창작지원금 수혜 등 다수
- 전주대학교 사범대학 겸임교수, 전주비전대학교운영교수 역임
- 현) 향촌문학회장, 사/미래다문화발전협회장, 한국현대시인협회이사, 전라매일논설 위원, 명예문학박사

쉼터

(강릉 사투리로 전해요)

우리 핵교가 장때이래요~

"어머이야라, 뭔 아주머이들이 이닽타게 마이 모잇제. 달부 어엽네. 오날이 무슨 나리나부 제."
"예, ~ 글씨 오날이 바로 강릉여핵교 예순 생일이라카잖소."
"아, 그래노께 아께 내가 희떡 자빠져 씩씩 자고 있는데 우리 기 해장이 와서 뭔 잭기장 같으거 파악 던지며 구경 안가고 뭐하고 있나고 매런도 없잖소. 글쎄 내 똥지바리, 오금패이, 종지깨비 할거없시 냅다들이 까재키잖소. 그래, 놀랜절에 꽤왔잖소. 아이구 시사아도, 맨 새댁들 개락이네. 배갤들은 마카 어디 갔소. 돈 벌러 갔소. 매에엔 안들 뿐이제. 아주머이는 몸땡이가 찌닫고, 깜초한기 때까리 되우 곱소야. 머이 머이캐도 강능엔 강릉고등여핵교가 장때이래요. 그렇잖소."

우리학교가 최고예요.

"어머나, 웬 아주머니들이 이렇게 많이 모였지요. 너무 많네요. 오늘이 무슨 날이나 보네." "글쎄 오늘이 강릉여고 60주년 행사를 한다네요.'
"그래서, 아까 내가 자고 있는데 우리 기 회장이 프린트 물을 주면서 구경 안가고 뭐하냐고 야단이잖아요. 내 엉덩이, 오금 발목 할 것 없이 마구 발로 차면서요. 그래서 빨리 뛰어 왔지요. 아이고, 세상에 뭔 새댁들이 참 많네요. 남편들은 모두 어디가고, 돈 벌러 갔나요. 모두 안사람들뿐이네요 아주머니는 체형이 날씬하고 까무잡잡한 게 세련미가 넘치고 태가 아주 곱네요. 뭐라 해도 강릉에는 강릉여고가 최고라우. 그렇지 않아요?"

김선자 수필집

다섯 그리고 둘

2024년 9월 25일 인쇄
2024년 9월 30일 발행

지은이 / 김선자
발행인 / 홍명수
출판등록 / 강릉2007-5
발행처 / 성원인쇄문화사
편집 / 장진호

25572 강원특별자치도 강릉시 성덕포남로 188
Tel (033)652-6375 / Fax (033)652-1228
E-mail 6526375@naver.com

* 잘못된 책은 바꿔 드립니다. 값 20,000원

ISBN 979-11-92224-35-0

저작권법에 의해 보호받는 저작물이므로 저자와 출판사의 동의없이 내용의 일부를 인용하거나 발췌하는 것을 금합니다.

이 도서는 강원특별자치도, 강릉문화재단 후원으로 발간되었습니다.